문학의 기본 개념 17

소설의 분석과 이해

－기본개념부터 담론분석이론까지－

이지은

연세대학교 대학출판문화원

문학의 기본 개념(9)

소설의 분석과 이해

지은이　이지은
펴낸곳　연세대학교 대학출판문화원
주 소　서울시 서대문구 연세로 50
전 화　(02) 2123-3380~2
팩 스　(02) 2123-8673
E-mail　ysup@yonsei.ac.kr
홈페이지　http://press.yonsei.ac.kr
인 쇄　태화북스

2010년 11월 10일 1판 1쇄　　2018년 4월 30일 1판 3쇄
ISBN 978-89-7141-944-1(93800)

값 12,000원

차례

들어가는 말

우리는 소설을 읽을 때 줄거리를 따라 단선적으로 읽는 경우가 많다. 그리고 읽은 후에는 '흥미롭다', '감동적이다', '지루하다', '일고의 가치도 없는 작품이다' 등과 같은 다양한 형태의 정서적 감흥을 느낀다. 이때 우리는 이런 감흥이 어떻게 만들어지며, 무엇이 어떤 과정을 거쳐 이런 느낌을 불러일으키는가라는 질문을 하게 된다. 그 다음으로는 좀 더 자신감을 가지고, 분석적으로 소설을 읽고 이해할 수는 없을까 자문하며 희망 섞인 기대를 가져보기도 한다.

소설을 흥미를 갖고 자신감있게 읽을 수 있는 여러 가지 가능성이 있겠지만 크게 두 가지로 나눌 수 있다. 첫째는 다독(多讀)과 정독을 통하여 직관적인 능력을 배양하는 것이며, 둘째는 소설의 의미를 구성하는 요소, 의미를 만들어 내는 구조, 불가시적인 현상을 엑스레이 사진을 찍듯이 가시적으로 밝혀낼 수 있는 분석적 안목을 가질 때 가능할 것이다. 그러나 두 번째 방법과 같은 '왕도와 묘약'은 없다. 다만 보조적인 방법이 있을 뿐이다.

이 책에서는 전통적인 해석학적 이론에서 시작하여 구조주의 및 최근의 담론분석이론에 이르기까지 그동안 소설이론에서 연구된 성과들과 기본개념들을 정리하여 설명하였다. 그리고 각각의 개념과 이론들을 상호유기적으로 연결하고 보완함으로써 소설을 읽고 분석할 수 있는 하나의 독립적이며 체계적인 소설분석 방법이 가능하도록 체계화하였다. 소설이라는 물고기를 잡아서 독자들에게 건네주는 것이 아니라 소설이라는 물고기를 잡는 방법을 기본개념에서부터 시작하여 소설을 해석하는 마지막 부분까지 일관된 하나의 체계를 유지하면서 전달하고자 하였다. 이로써 소설을 읽고 분석하려는 독자들의 능력을 키워주고, 좀 더 자신감을 갖고 소설을 이해하도록 도움을 주고자 한다. 처음에는 좀 어렵게 느껴지더라도 이 책에서 설명한 방법에 따라 작품을 한두 번 분석하다보면 곧 자신감을 가질 수 있을 것이다.

이 책은 총 11개의 장으로 구성되어 있다.

I)장에서는 '소설이란 무엇인가'에 대하여 문학사적이며 기능적인 관점에서 간략히 살펴보았으며, II)장에서는 소설의 장르적 특징을 고찰하였다. III)장, IV), V)장에서는 소설텍스트를 구성하는 기본 요소와 개념들(사실보고와 허구적 서술, 중개성, 서술자, 서술문체, 시간구조)을 설명하였다. VI), VII), VIII) 장에서는 거시적인 관점에

서 소설의 구조를 설명하였다. 스토리와 플롯, 텍스트의 중층구조, 의미의 생성, 등장인물 구도 및 활동, 줄거리의 서사화로서의 결합관계와 계열관계 등의 내용을 넓은 시야에서 조감하면서 소설의 구조 전체를 설명하는 데 역점을 두었다. IX) 장에서는 우리가 소설을 읽고 난 후 질문하는 소위 '소설의 주제'가 어떻게 생성되는가를 설명하였다. X)장에서는 문학작품의 시대적 의미를 역사적 배경에서 이해할 수 있는 방법으로서 담론분석이론을 소개하였다. 마지막으로는 위에서 논의된 내용을 종합적으로 정리하여 요약하면서 이 책의 전체 내용을 독자들이 한 눈에 조망할 수 있도록 도표로 정리하였으며, 책의 말미에는 용어 찾아보기를 통하여 독자들이 필요한 용어를 쉽게 찾아볼 수 있도록 하였다.

이 책에서는 매 장의 시작 부분에 그 장에서 다루는 주요 개념과 내용을 제시하여 독자들이 핵심 내용을 미리 주지하게 하였다. 그리고 매 장마다 소설의 분석과 이해에 필요한 개념과 이론을 가급적이면 쉽고 자세히 소개한 후 그 이론을 적용하여 텍스트를 예시적으로 분석해 봄으로써 독자들이 이론과 그 적용방법을 이해하려는 노력에 도움을 주고자 하였다. 특히 매 장마다 독자들이 직접 분석할 수 있는 심화 텍스트를 제시하여 독자 스스로가 분석을 하게 하였으며, 심화텍스트의 말미에는 모델답안을 제시하여 독자가 자신의 생각과 비교할 수 있는 가능성도 함께 제공하였다.

소설의 구조를 전체적으로 조감하는 VI)장 이후의 분석에서는 독자의 이해를 돕기 위하여 우리에게 친근한 작품인 괴테의『젊은 베르테르의 슬픔』, 나도향의『벙어리 삼룡이』그리고 카프카의『변신』을 주분석 텍스트로 삼았다.

많은 예를 들어 이론을 설명하고 또한 구체적인 작품을 예로 들어 독자들이 직접 적용하게 한 것은 이 책이 '이론을 위한 이론'에 머물지 않고 독자들에게 실질적인 도움이 되고자 하는 바람과 노력의 일환이다.

이 책의 장점은 소설을 의미로 이루어진 하나의 '덩어리'로 이해하고 소설을 구성하는 기본개념에서부터 시작하여 소설 전체를 체계적이며 구조적으로 분석하는 데 도움을 줄 수 있도록 한 점과 작품의 내적 분석에 근거하여 소설 전체를 시대적이며 역사적인 관점에서 이해하도록 하는 방법에서 찾을 수 있을 것이다. 그러나 이 책은 동시에 취약점도 갖고 있다. 소설은 '허구'이기는 하지만 실제로 존재할 수 있는 자율적 세계이다. 이 속에서 이루어지는 인물들의 내밀한 심리적 상황이나 갈등, 자기 성찰적 기억과 유토피아적 희망, 주변 환경과 세계에 대한 도전과 비판적 극복 등은 구조적인 분석을 통해 설명되기에는 너무 현실적이고 생동적이며 복잡다기하다. 그러나 '살아서 움직이는 소설'에 대한 이해는 소설구조에 대한 체계적 분석과 소설의 시대성에 대한 이해가 선행될 때 더욱 알차게 진행될 수 있을 것이다.

독일의 철학자 칸트는 철학을 배우지 말고 철학함을 배우라고 말했다. 철학함을 배운다 함은 스스로 자기의 이성을 사용할 수 있는 능력을 키우라는 말이다. 필자도 문학을 배우지 말고 문학함을 배우라는 말을 하고 싶다. 문학함을 배운다함은 스스로 문학작품을 읽고 감상하고 스스로 생각하고 자신의 의견을 말할 수 있는 능력, 즉 방법론적 능력을 배양하는 것이다. 이 작은 책자가 소설이라는 바다를 항해할 때 유용한 나침판 역할을 하여, 소설을 분석하고 이해하는 능력을 키우는 일에 도움이 될 수 있다면 저자에게는 그 이상의 기쁨이 없을 것이다.

이 책은 저자가 수 년 간 소설 강의를 하면서 경험한 내용과 지식을 바탕으로 집필한 소설 입문서이지만 많은 선행 연구자들의 저서에 큰 학문적 빚을 지고 있음은 굳이 강조할 필요도 없을 것이다. 학문의 엄정성에 따르면 관련된 부분을 참고할 때는 일일이 인용을 하고 출전을 밝혀야 하겠지만 소설을 분석하고 이해하는 입문서라는 이 책의 특성상 그러지 못하였다. 이 책의 "참고하면 좋은 책들" 부분에 저자가 많은 도움을 받았고 독자들이 참고하면 좋을 책들을 밝혀 놓았으니 참고하기 바라며, 독자들의 해량을 바란다.

I. 소설이란 무엇인가?

주요 개념과 내용
· 소설의 약사(略史)
· 소설의 기능

우리말의 '소설'은 독일어에서는 Roman, 프랑스어에서는 roman 그리고 영어권에서는 novel이라고 한다. 독일어에서 소설을 뜻하는 Roman이라는 명칭의 어원은 12세기 불어권에서 사용하던 romanz로 거슬러 올라간다. 이 romanz는 중세의 지식 언어인 라틴어, 즉 링구아 라티나(lingua latina)가 아닌 일반 서민의 언어인 링구아 로마나(lingua romana)로 쓰여진 산문체 형식의 글에서 유래한다. 이런 언어로 쓰여진 소설이 소위 말하는 '연애소설 romance'이다. 이때의 '연애소설'의 의미는 유치하고, 저급하며, 비영웅적인 소위 '미친한 것'들의 저속한 사랑유희를 나타내는 문학으로서 운문이 아닌 산문으로 쓰인 것을 지칭하였다. 이와 대립되는 지배적인 문학형태로서는 중세시대의 영웅서사시가 있다.

유럽에서는 영웅서사시가 12－13세기, 즉 중세 기사문학 시대에 성행하다가 17세기 이후 신분사회인 봉건제도가 몰락하고 이와 동시에 새로운 계급인 시민계급이 등장하면서 점차 소멸되었다. 이때를 즈음하여 새로운 지배계급으로 부상한 시민들의 욕구를 충족시킬 수 있는 새로운 형태의 문학 장르, 즉 소설이 좀 더 격상된 의미에서 등장하기 시작하였다. 또한 15세기의 인쇄술의 발달 및 시학에 대한 규범성이 시민계급의 관점에서 정립되면서 산문형식이 소설을 이루는 중요한 구성규범이 되었다.

독일 소설사에서 괴테의 『젊은 베르테르의 슬픔』을 중요하게 생각하는 이유는 이 작품이 시민계급이 역사의 전면에 나타나는 계몽주의 시대에 '시민적' 정신을 담고 나타난 초기의 소설이기 때문이다. 1774년에 발표된 이 소설에서는 귀족과 시민의 갈등, 신분에 의해 규정된 규격화된 인간이 아니라 자연적인 인간이 느끼는 사랑의 갈등이 그려지고 있다. 이 소설은 18세기의 감성주의와 계몽시대의 산물임과 동시에 봉건주의의 몰락과 함께 역사의 주역으로 등장한 시민계층의 신분상승이라는 역사적 배경에서 이해될 수 있으며, 따라서 이 소설은 시민계급의 등장과 함께 나타난 시민적 문학형태라고 생각할 수 있다.

계몽주의 이후부터 소설은 시나 드라마와 비교해 볼 때 가장 인간적이고 보편적인 문학의 형태로 발전하였고 오늘날도 새로운 형태를 추구하며 지속적으로 발전하고 있다. 어쩌면 그것은 "소설이라는 것이 가장 성실한 진술의 한 가지 형식"(이청준, 2001:255)이기 때문일 것이다. 오늘날 우리가 애독하는 소설이라는 장르는 바로 이러한 시민문학의 역사적 전통에 서 있다고 볼 수 있다.

소설의 구성과 내용, 인간의식의 구성, 사회의 현실적 구성 사이에는 많은 접합점이 있다. 세상을 재현하는 소설의 기능은 바로 이런 관계의 구성을 통하여 인간정신의 변천을 반영하고 동시에 그 변천을 선취하여 문학적으로 형상화함으로써 새로운 삶과 세계의 가능성을 우리에게 보여주는 데에 있다.

우리는 소설을 통해 우리의 경험과 인식의 지평을 넓히며, 인간관과 세계관을 형성할 때 도움을 받으며, 소설의 세계에서 함께 분노하고, 즐거워하고 아파하며 드러난 인간의 치부를 보며 부끄러워한다. 우리가 많은 경우 주위의 사람보다, 심지어는 자기 자신보다 소설의 주인공을 더 잘 안다고 느끼는 것도 소설의 세계와 그만큼 집중적인 관계를 가지면서 인간을 진솔하게 표현하고 이해할 수 있는 가능성이 소설에 있기 때문일 것이다.

이런 의미에서 '소설보다 인간을 더 완전하게 드러내는 것은 아마도 없을 것이다'라는 말이 이해될 수 있을 것이다.

Ⅱ. 소설의 장르적 특징은 무엇인가?

1. 사실과 허구

주요 개념과 내용
· 사실과 허구의 언어논리적 기준: 지시사, 내면적 감정, 과거시제의 현재화, 허구적 실제성, 문학적 문체
· 문학작품의 유토피아성(허구적 진실)

우리는 누가 뻔히 아는 거짓말을 하거나 허구의 내용을 지어낼 때 좀 부정적인 의미로 "소설 쓰고 있네"라고 핀잔을 준다. 이 말은 소설을 폄하하는 표현으로서 소설에 대한 부정적인 표현이지만 나름대로 일말의 사실을 담고 있다. 즉 소설은 사실에 입각한 객관적 보고가 아니라 허구적으로 지어낸 주관적 창조물이라는 것이다. 소설은 허구인가 아니면 사실인가?

우리가 소설의 본질 중의 하나를 일반적으로 "허구"라고 말할 때 이 속에는 두 가지 의미가 내포되어 있다. 그 첫째는 허구는 우리의 상상력에 의해 지어낸 것으로서 실재성을 갖고 있지 않다는 것이며, 둘째는 사실과 허구는 서로 다른 것으로서 구분될 수 있다는 것이다. 정말 그런가?

사실과 반대되는 개념으로 사용되는 허구도 조금만 자세히 살펴보면 우리가 애초에 생각했던 것처럼 그 허구성이 분명하지 않다. 이것은 사실에서도 마찬가지이다. 우리가 객관적인 사실이라고 믿는 신문의 기사가 허구적인 경우가 많으며, 어제까지 '사실을 기술한 객관적 역사'라고 주장되던 것이 오늘에 와서는 편향된 역사관으로 폐기처분되는 경우를 우리는 자주 목도한다. 때로는 역사교과서가 역사소설보다 더 허구적이며, 역사소설이 역사교과서보다 더 사실적이며 역사를 총체적으로 이해하는 데 도움을 준다. 우리는 이런 경험을 통해서 역사와 역사소설 등의 경계가 그렇게 분명하지 않다는 것을 알고 있다. 따라서 우리는 사실과 허구는 그 자체로서 그리 분명하게 구분되는 것이 아니라는 것을 알게 된다.

허구와 사실에 대하여 학문적인 논증을 시도해 볼 수 있겠지만 이런 관점의 문제제기나 접근은 철학이나 다른 학문에서 제기하는 것이 바람직하다. 이 책에서 가지는 우리의 관심은 소박하다. 우리는 소설을 분석하고 이해하고 싶은 것이다. 따라서 우리는 철학적이고 인식론적 관점에서 이 문제에 접근하는 것이 아니라 문학적인 관점에서 또는 언어논리적인 관점에서 이 문제에 대하여 관심을 가진다. 구체적으로 이 문제에 접근하기 위해 '허구적인' 소설의 문체와 객관적이며 사실적이라고 생각되는 신문기사의 문체를 비교해 보며 그 차이점을 찾아보자.

"(...) 2010년 6월 23일에 **대학교의[1] 중장기 발전계획이 확정되었다. 이 계획은 작년 11월부터 수립되기 시작했으며 총 4차례의 기획위원회를 갖고, 그 안에 대한 2차의 공청회를 거쳐서 확정된 것이다. 이 글은 발전계획에 대한 학내 주체들의 이해를 돕고자 우선 발전계획안의 내용과 이에 대한 각 주체들의 입장을 두 번에 걸쳐 담고자 한다."

"(....) 몹시 더웠던 어저께 대학의 장기발전계획이 확정되었다. 그는 계획이 확정된 것이 몹시 기뻤으며, 미루었던 여름휴가를 이제는 떠날 수 있다고 생각하였다. 뜨거운 태양과 푸른 바다. 그리고 발바닥에 와 닿는 모래의 간지러움을 느낀다.(...)"

위 두 텍스트 중에서 어느 텍스트가 사실적이며 어느 것이 허구적인가? 두 텍스트의 차이점은 무엇인가? 위의 첫 번째 텍스트를 읽으면서 독자는 사실보고라는 느낌을 갖는 반면에 두 번째 텍스트에서는 뭔가 지어낸 듯한 느낌을 갖게 될 것이다. 왜 그런가? 사실보고에서 서술된 사건은 개인적이든지 역사적이든지 정도의 차이는 있겠지만 원칙적으로는 보고자가 경험할 수 있는 경험권 내에 있으며, 보고된 사건은 보고되어지는 것과는 무관하게 그 자체로서 존재한다. 즉 사실적 사건은 보고되지 않아도 존재한다. 반면에 허구적 서술에서 서술된 사건은 서술자에 의해 실증적으로 경험된 것이 아니며, 그것은 이야기되어질 때만, 또는 이야기되어짐으로써만 존재한다. 즉 허구적 서술이란 보고되지 않으면 존재하지 않는 것이다. (Vogt, 1979:11)

우리는 위에서 언급한 두 개의 텍스트 중에 하나는 '사실적'인 것으로, 다른 하나는 '허구적'인 것으로 이해하였다. 우리가 이렇게 느끼고 판단한 근거를 찾고 텍스트 형태를 구분할 수 있는 방법은 무엇인가? 언어논리적인 관점에서 본 허구적 문체의 특징들, 즉 사실과 허구를 구분하거나 확인할 수 있는 방법은 크게 다섯 가지로서, 첫째는 빈번한 지시사의 사용, 둘째는 내적인 감정의 표현, 셋째는 과거시제의 현재화 경향, 넷째는 허구적 실재화의 경향과 마지막으로는 '문학적 표현'의 사용 등이다.

첫째 특징으로서 '지시사'(Deiktica/Deixis)란 무엇인가? 지시사는 대화상황의 문맥에 의해 의미가 결정되는 말을 일컫는다. 대화 중 지칭된 내용이 발화자와 지칭된 지시물 사이의 관계가 규명되었을 때만 정확한 의미를 가지는 말을 뜻한다. 예를 들어 우리가 주민등록부에 기재된 이름을 사용할 때는 그 사람이 누구인지 정확히 확인할 수 있다. 그러나 이런 실명 대신에 '나', '우리', '너', '그 사람'과 같은 인칭대명사를 사용할 때는 그 표현 자체로서 그 사람이 누구인지 확인이 되지 않는다. 확인을 하기 위해서는 말하는 사람과 그 사람의 시점에서 지칭된 '그'의 관계가 확인될 때만 '그'가 누구인지 알 수 있다. 이런 사실은 인칭에서만 나타나는 것이 아니라 장소와 시간을 표현할 때에도 나타난다. 예컨대 서울시 종로구 세종로 1번지는 경복궁의 주소로서 지구상에 딱 한 곳 밖에 없으며, 이 장소는 주소 자체로서 확인될 수 있다. 그러나 '그곳' 또는 '저기' 등의 표현은 이 말을 하는 사람의 위치와 그 지점에서 지칭된 '그곳'의 관계가 확인될 때만 '그곳'이 어디인지 확인되는 표현이다. 이런 상황은 시간을 나타낼 때도 나타난다. 2010년 8월 27일은 언제라도 확인될 수 있는 시점이다. 그러나 '오늘', '그때' 등의 표현은 위에서 언급한 두 가지 요소가 확인될 때만 확인되는 시간이다. 이처럼 대화상황의 문맥과 지시된 대상의 관계에서만 확인될 수 있는 말을 우리는 지시사라고 표현한다. 이런 지시사는 인물, 공간, 시간의 영역에서 나타나며, 인물, 공간, 시간을 나타내는 대표적 지시사로 '나'와 '우리', '여기' 그리고 '지금' 등의 표현 등을 들 수 있다.

허구적 텍스트의 두 번째 특징으로서 사람의 내면적 감정을 나타내는 표현을 들 수 있다. 예컨대 '마음 속으로 화가 났다, 기뻤다' 등과 같이 사람의 내면을 나타내는 표현은 이런 감정을 느끼는 당사자만이 알 수 있는 것이다. 그러나 본인이 아닌 다른 사람이 타인의 내적 감정을 나타내는 표현을 사용하거나 이런 표현이 반복적으로 나타날 때는 이 텍스트는 주관적이며 허구적 성향을 가진 텍스트로 볼 수 있다.

허구적 텍스트의 세 번째 특징은 과거시제의 현재화 경향이다. 이에 따라 과거에 일어난 사건이 현실화 또는 미래화되는 경향이 나타난다. 역사책에 기록된 과거형은 과거에 일어난 사건을 지칭한다. 예컨대 "태조 이성계는 1392년에 이씨조선을 건국했다"라는 문장은 그 자체로서 과거에 일어났던 역사적 사건을 과거 시제로서 가리킨다. 그러나 허구적 과거형은 문법적으로는 과거형을 띠고 있음에도 불구하고 과거의 사실을 기술하고 있는 것이 아니라 현재나 미래를 나타내는 경향을 지닌다. 이런 사실은 우리가 중세 시대에 쓰여진 소설을 읽으며 그 사건이 오늘 읽고 있는 현시점에서 일어나고 있다고 느끼거나 아주 오래되고 빛바랜 영화나 드라마를 보면서 현재 울고 웃는 심리적인 상황과 비슷한 현상이다. 예를 들어 "**내일**은 성탄절**이었다Morgen war** Weihnachten"(Hamburger, 1977:63쪽 이하)라는 표현은 현실대화에서는 불가능하다. 지시사적 미래형으로서의 '내일'과 문법의 시제상 과거형은 한 문장에서 동시적으로 공존할 수 없기 때문이다. 그러나 소설에서는 독자가 이런 표현을 별 어려움 없이 받아들인다. 왜 그럴까? 이런 표현을 모순없이 받아들이는 것은 독자가 이 문장을 읽는 시점에서 가상의 공간으로 시제의 위치를 옮기는 방법으로 과거형을 현재형이나 미래형으로 받아들이고, 문법적으로는 과거형이지만 미래적으로 이해하기 때문이다.

네 번째 특징은 소설에서 발견하는 '허구적 실제성'으로서 이 내용은 과거형의 현재화 경향과도 어느 정도 관련이 있다. 우리는 글로 쓰여진 텍스트를 읽으며, 그 속에 표현된 '허구적이지만 독서의 시점에서는 실제적인 세계' 속으로 빠져든다. 작품은 '허구적'이라는 것을 우리는 알고 있지만 읽는 그 순간에는 '현실적'으로 존재하는 세계라고 생각하고 읽는다. 그렇지 않다면 우리는 아무런 감흥을 느끼지 못할 것이다. 왜냐하면 '어차피 거짓말인데 뭘 흥분해'라고 생각할 것이기 때문이다. 우리가 허구의 영화를 보면서 울고 웃는 것과 같은 현상이다. 이런 현상은 소설이 우리의 개인적이고 현실적인 경험과 밀접한 관계를 가지고 있음을 보여준다. 이런 의미에서 소설은 '허구적'이지만 사실보다 더 사실적인 세계이며, '허구성'은 진실 또는 사실과 반대의 개념에서만 사용되는 것이 아니라 일종의 유토피아적 욕구가 저변에 있음을 알 수 있다.

이 외에도 허구적 텍스트를 특징짓는 요소로서 소위 말하는 '문학적 문체'(형용사, 미사여구, 수식어 등)를 들 수 있다. 어떤 내용을 설명하면서 상징, 은유, 비유 등의 문학적 수사법을 빈번히 사용하거나 그 내용과 관계없는 과도한 방법으로 미사여구를 사용하여 그 말을 꾸밀 때 우리는 작성자의 주관성이 개입하며 그가 어떤 특정한 방향으로 의도한다는 생각을 할 수 있다.

우리는 텍스트를 읽으면서 위에서 언급한 다섯 가지 요소들이 자주 나타날 때 이 텍스트를 '허구적 경향이 높은' 텍스트로 이해할 수 있다.

아래의 텍스트가 사실적 보고인가 아니면 허구인가?

"(....) 내가 열 살이 될락말락한 때이니까 지금으로부터 십 사오년 전 일이다. 지금은 그곳을 청엽정(靑葉町)이라고 이름하였다. 즉 남대문에서 바로 내다보이며 오정포가 놓여 있는 산등성이가 있으니, 그 산등성이 이쪽이 연화봉이요, 그 새에 있는 동네가 역시 연화봉이다. 지금은 그곳에 난민굴이라고 할 수 밖에 없이 지저분한 촌락이 생기고 노동자들 밖에 살지 않는 곳이 되어버렸으나 그 때에는 자기네딴은 행세한다는 사람들이 있었다. 집이라고는 십여호 밖에 있지 않았고 그곳에 사는 사람들은 대개 과목밭을 하고 또는 채소를 심거나 그렇지 아니하면 콩나물을 길러서 생활을 하여 갔었다. 여기에 그중 큰 과목 밭을 갖고 그중 여유있는 생활을 하여 가는 사람이 하나 있었는데, 그의 이름은 잊어버렸으나 동네 사람들이 부르기를 오생원이라고 불렀다. 얼굴이 몽탕하고 목소리가 마치 여름에 버드나무에 앉아서 길게 목 늘여 우

는 매미 소리같이 저르렁 저르렁 하였다(....)” (나도향, 1993:83)

위에서 설명한 기준을 적용하여 인용한 텍스트를 분석해 보면 우선 빈번한 지시사의 사용이 눈에 띈다. 이 텍스트를 서술하는 ‘내’가 누구인지 알 수 없으며, 현실적으로 위치가 확인될 수 있을 것 같은 장소 설명에도 불구하고 위치의 확인이 불가능하다. 남대문의 어느 쪽에서 내려다보는지, ‘이 쪽’과 ‘그 사이’가 어디인지 지시사의 사용으로 확인이 불가능하다. 이외에도 시간을 나타내는 부분도 확인이 어렵다. 텍스트에서 언급한 ‘지금’이 언제인지 알 수 없다.

빈번한 지시사의 사용과 함께 내적 심리상태가 확연하게 나타나지는 않지만 그래도 이런 면의 일단을 볼 수 있는 부분이 ‘자기네딴은 행세한다’는 사람들에 대한 대목이다. 그 사람들이 자기네 딴은 행세한다고 생각을 했는지 아닌지는 본인들 밖에 모를 일이지만 타인의 내적 감정에 대한 표현이다. 이 외에도 ‘오생원’에 대한 인물묘사(“얼굴이 몽탕하고 목소리가 마치 여름에 버드나무에 앉아서 길게 목 늘여 우는 매미 소리같이 저르렁 저르렁 하였다”)는 일반적인 사실묘사라기 보다는 비유법을 사용한 소위 ‘문학적’인 표현형식을 띠고 있다.

이 텍스트는 사실적 보고라기보다는 허구적 요소를 많이 갖고 있는 텍스트이다. 독자들이 이미 알아챘겠지만 이 텍스트는 나도향의『벙어리 삼룡이』의 시작부분이다.

우리가 위에서 시도한 '사실성과 허구성'에 관한 정의는 어디까지나 언어논리적 관점에서 접근한 시도이다. 허구에 관한 광범위한 시도, 예컨대 철학적이거나 역사담론적인 논의는 논외로 하였다. 소설이 허구라고해서 현실과 동떨어진 환상적인 면만을 그리고 있는 것은 아니다. 허구는 우리의 현실체험을 근간으로 한다. 또한 소설은 허구지만 위에서 잠시 살펴보았듯이 사실보다 더 사실적일 수 있으며, 고유한 독립적 세계이고, 이 속에는 꿈과 희망, 즉 유토피아가 있다. '유토피아성'이란 무엇인가? 인간에게는 현실세계로부터 벗어나려는 욕구가 있다. 이 욕구는 존재하지 않는 것을 새롭게 창조하거나 이미 존재하는 것을 낯설게하는 기능을 가진다. 인간은 이성의 자유와 상상력을 통하여 현실을 부정하고 주어진 제약을 초월하여 새로운 공간을 마련한다. 이런 허구가 존재하는 곳이 문학이다.

소설의 특징을 말할 때 '허구적 진실'이라는 얼핏 모순적으로 느껴지는 정의는 이런 의미에서 이해될 수 있을 것이다. 허구에 대한 지각은 이 현실을 전제해야 하며, 또는 이 현실을 먼저 이해해야 가능하다. 문제는 작가가 현실에 대한 자신의 생각과 체험을 허구적인 틀로 바꾸는데 실패하느냐 성공하느냐의 여부와 함께 작품에서 창조된 그 '진실'이 인간의 삶을 진실되게 하느냐가 중요하다. 이 문제는 아래에서 다루게 될 서술자 문제와 연결된다.

● 심화 텍스트

다음의 텍스트에서 '허구성'을 살펴보자.

"(....) 비좁은 도시 상공에 겹겹이 낀 구름 뒤에서 겨울 해는 단지 우윳빛으로 희미하게 빛날 따름이었다. 합각머리 지붕들이 늘어선 작은 골목들은 축축하게 젖어 있었고 바람이 불고 있었으며, 이따금 얼음도 눈도 아니 일종의 부드러운 싸라기 눈이 내리고 있었다.

학교수업이 끝났다. 포석이 깔려 있는 학교 마당 위로, 그리고 쇠창살이 쳐진 문 바깥으로 이제 막 해방된 학생들의 무리들이 쏟아져 나왔다(...) 〈한스, 너 이제야 오는 거니?〉하고 차도 위에서 오랫동안 기다리고 있었던 토니오 크뢰거가 말했다. 그는 미소를 머금고서 다른 동료들과의 이야기에 열중하며 교문을 나오는 자기 친구에게로 다가갔다. 그러나 그 친구는 딴 아이들과 함께 막 그곳을 떠나가 버리려고 하고 있었다. 〈무슨 말이지?〉하고 그 친구가 물으면서 토니오의 얼굴을 쳐다보았다. 〈아 참, 그렇구나! 자, 그럼 조금 같이 걸어보기로 하자〉 토니오는 입을 다물었다. 그리고 그의 두 눈은 흐려졌다. 그들 둘이서 오늘 오후에 잠시 함께 산보를 하자고 했던 사실을 한스는 잊었단 말인가? 한스는 그것이 이제야 비로소 생각났단 말인가? 그런데 그 자신은 그 약속을 한 이래로 거의 잠시도 잊지 않고 지금 이 순간을 고대해 오지 않았던가! (....)" (만, 1998:7－8)

● 모델 답안

위의 텍스트는 학교수업이 끝난 후 교문으로 밀려나오는 한 무리의 학생들을 묘사하고 있다. 이 텍스트에서는 지시사가 자주 사용된다. 작품에서 언급된 '도시'가 어떤 도시이며, '겨울 해'는 몇 년도 겨울해인지 확인할 수 없기 때문에 지시사적인 경향이 있다. 이외에도 "이따금 얼음도 눈도 아닌 일종의 부드러운 싸라기눈이 내리고 있었다."라는 묘사는 소위 '문학적인' 묘사와 유사하며, "그리고 그의 두 눈은 흐려졌다" 이후에 서술되는 등장인물의 내적 심리상태와 내적 독백에 대한 설명 등으로 미루어 볼 때 이 텍스트는 허구적 성향이 짙다. 이 텍스트는 독일작가 토마스 만의 작품『토니오 크뢰거』의 시작 부분이다.

2. 소설의 중개성

주요 개념과 내용
· 누가 우리에게 소설을 이야기하는가?
· 서사적 거리와 소설의 중개성
· 저자와 서술자의 구분

우리는 대화를 할때 직접적으로 말을 주고받으며 의사소통을 한다. 그러나 텔레비전이나 신문을 볼 때는 상황이 조금 다르다. 아나운서가 뉴스를 우리에게 전달하며, 사건을 취재한 기자가 쓴 기사를 우리가 읽는다.

소설을 읽을 때의 상황은 어떠한가? 소설, 시 그리고 드라마를 읽는 상황은 각각 다른가? 시에서 독자는 이른바 '서정적 자아'라고 하는, 시의 세계 속에 존재하는 그래서 독자가 시를 읽을 때 마주하게 되는 사람, 즉 '서정적 자아'와의 직접적 만남을 통해 시의 세계와 상호소통을 이룬다. 반면에 희곡은 무대 위에 올려질 것을 전제로 쓴 텍스트이다. 무대에서 관객은 등장인물들의 행동과 직접 대화를 통해 줄거리의 내용을 전달받거나 행위를 보게 되며, 무대나 연출지시는 지시문을 통해 드러난다. 우리는 소설을 읽으면서 소설의 주인공이나 등장인물들과 함께 울고, 웃고, 흥분하고, 안타까워하고 행복해한다. 그렇다면 누가 또는 무엇이 우리를 울고, 웃게 만들며, 누가 허구의 세계를 읽고 있는 현재의 우리에게 이야기하고 있는가?

첫 번째로 생각할 수 있는 인물은 책표지에 이름이 인쇄된 저자다. 그러나 정말 저자가 우리에게 소설을 이야기하고 있는가? 이 생각은 곧 틀린 것으로 확인된다. 왜냐하면 저자는 현실세계에 살고 있는 실제의 인물이고 우리가 읽고 있는 텍스트는 현실의 세계가 아니라 가공된 허구의 세계이기 때문이다. 현실과 가공의 세계는 존재의 차원을 달리한다. 현실세계에 존재하는 저자가 타임머신을 타고 가공의 세계로 들어가 우리에게 이야기를 들려줄 수는 없다. 다른 예에서도 이 문제는 설명된다. 우리는 '지금 이 순간에' 괴테의 『젊은 베르테르의 슬픔』을 읽으면서 감동을 받는다. 그러나 이 소설의 저자는 죽은지가 이미 200년 가까이 되었지 않은가. 죽은 저자가 부활하여 우리에게 작품을 이야기 할 수는 없다.

작품의 줄거리 진행도 저자의 의도대로 이루어지는 것은 아니다. 그것은 작품은 작가의 의도와는 다른 작품내적인 논리와 인과관계를 가지기 때문이다. 『젊은 베르테르의 슬픔』이 출판된 후 많은 젊은이들이 애정문제로 자살을 하자 왜 베르테르를 죽게 했느냐고 당시의 기독교계가 괴테에게 질책을 했다. 그러자 괴테는 내가 죽인 것이 아니라 서술자가 죽게 했다고 말한 일화가 전해진다. 괴테와 동시대 작가였던 독일작가 하인리히 폰 클라이스트H. v. Kleist는 어느 날 "그녀가 죽었어, 그녀가 죽었어!"라고 울부짖으며, 친구의 집으로 뛰어들었다. 놀란 사람들이 누가 죽었느냐고 묻자 클라이스트는 "펜테질레아, 나의 펜테질레아가 죽었어"라고 대답했다고 전한다. 펜테질레아는 그의 작품 『펜테질레아』의 여주인공의 이름이다. (Kusenberg, 1958:79)

우리가 이 두 가지 일화에서 알 수 있는 것은, 작품 속에 등장하는 등장인물의 운명은 작품을 창조한 작가의 의도와는 다르게 결정될 수 있으며, 작가가 임의대로 죽였다 살렸다 할 수 있는 것이 아니라는 것이다. 작가 클라이스트는 이 작품을 쓴 사람이지만 자신의 임의적 의도에 따라 작품의 주인공을 살리거나 죽일 수 없음을 알 수 있으며, 작품의 세계가 요구하는 인과관계에 따라 작가는 자신의 뜻과는 다르게 글을 써야 할 경우가 있다.

따라서 텍스트의 줄거리를 우리에게 이야기하는 사람은 소설 외적으로 실재하는 저자, 즉 텍스트를 쓴 역사적 인물과는 구분되어야 한다. 역사적인 인물인 괴테와 『젊은 베르테르의 슬픔』에 등장하는 서술자, 역사적인 인물인 클라이스트와 그의 드라마 『펜테질레아』를 서술하는 인물은 구분되어야 한다.

그렇다면 소설은 저자가 아닌 누군가 다른 사람에 의해 현재 작품을 읽고 있는 우리에게 서술되고 있다는, 즉 간접적으로 중개되고 있다는 결론을 얻을 수 있다. 우리는 소설에서는 세상을 있는 그대로 보는 것이 아니라 중개성의 매개를 통하여 형상화된 것을 본다. 마치 영화에서 관객이 직접 상황을 보고 있다고 생각하기 쉽지만 사실은 카메라가 보여주는 것을 보는 것, 즉 카메라를 통해 보는 것과 비슷한 상황일 것이다.

소설이론을 정립한 대표적인 인물 중의 한 사람인 슈탄첼은 그의 대표저서 『소설의 이론』에서 바로 이 중개성을 서사문학의 특징으로 설명하며, 다른 문학예술과 구분되는 장르적 특징으로 주장한다.(Stanzel, 1982:15) 이 중개성을 통해 소설과 독자 사이에는 '서사적 거리'가 확보되며, 이 '서사적 거리'에서 소설을 독자에게 들려주고 있는 것이다. 우리는 이 중개적 역할을 하는 사람 또는 서술의 심급을 바로 '서술자'라고 부른다.

중개성은 작품의 저자가 주제를 형상화할 때 가장 중요한 출발점이고 결정적인 요소임을 우리는 아래에서 확인할 수 있을 것이다. 왜냐하면 바로 이 지점이 현실을 허구로, 허구를 현실로 바꾸는 지점이며, 이때 현실을 허구로, 허구를 현실로 바꾸는 것은 현실에 대한 체험과 이해, 그리고 그런 창작능력을 전제로 하기 때문이다. 따라서 작품의 성패는 현실에 대한 생각을 허구로 어떻게 바꾸는가라는 문제가 결정적으로 중요하다. 그리고 이 전환이 이루어지는 곳이 바로 '중개성'이다. 중개성은 작가의 현실적 체험이 서술자를 통하여 허구적 형상물로 가공되는 공간이다. 다음의 텍스트를 읽어보자.

"(....) 내 이야기를 하기 위해서는 먼 옛날로 거슬러 올라가야만 한다. 가능하다면, 내 오랜 시절의 일들은 물론, 그보다 더 거슬러 올라가서 아득한 조상 때 있었던 일부터 시작해야만 할 것이다. 일반적으로 작가들은 소설을 쓸 때 어떤 주인공의 일생을 속속들이 이해하고 알고 있는 체하는 것이 보통이다. 또 신이 자기 자신에게 이야기라도 하듯이 아무 거리낌 없이 독자들에게 모조리 펼쳐 놓을 수 있는 줄로만 생각한다. 그러나 어떤 작가도 그렇게 할 수 있는 것은 아니며, 나도 역시 마찬가지다. 어느 작가에게나 자기의 이야기는 소중하겠지만, 내게 있어서는 내 이야기가 가장 소중한 것이다(....)" (헤세, 1993:15)

위의 텍스트는 헤르만 헤세의 작품『데미안』의 프롤로그에 서술된 부분이다. 여기서 서술자는 어떻게 소설을 시작하며 어떻게 써야할지, 즉 '쓰기'의 어려움을 토로하고 있다. 이 어려움은 곧 중개성을 어떻게 구성할 것인가에 대한 문제와 직결된다.

● 심화 텍스트

다음의 텍스트는 토마스 만의『마의 산』의 첫부분이다. 독자에게 이야기를 들려주는 중개적 단계로서의 서술자의 모습을 찾아보자.

"(....) 우리가 한스 카스토로프의 이야기를 하려는 이유는 사람 자체 때문이 아니라—물론 그는 흥미로운 젊은이이기는 하지만 지극히 단순한 젊은이란 사실을 독자들도 깨닫게 될 것이기에—이 이야기 자체가 그럴만한 가치가 있어 보이기 때문이다. (물론 이것이 그의 이야기라는 것, 그리고 이런 이야기는 누구에게나 다 타당한 것이 아니라는 점이 한스 카스토로프를 위하여 기억되어야 마땅하다). 이 이야기는 아주 오래 된 것으로, 말하자면 역사적으로 파묻힌 이야기로서, 당연히 과거 시제로 서술되어야 한다. 이 점은 이야기를 위해 불리하다기보다 오히려 유리한 점이라 말할 수도 있을 것이다. 역사란 물론 과거의 것이어야 하며, 더 오랜 과거일수록 역사 자체의 특성을 위해서나 주문(呪文)처럼 과거를 불러내는 작가를 위해서도 더욱 알맞다 할 수 있을 것이므로. 역사는 모두 마찬가지여서—실제의 나이보다 훨씬 더 늙어—그 계산은 일수나 연수로 따질 수 없으며, 태양의 일출 일몰로도 계산될 수 없다. 요컨대 역사가 갖는 과거형의 정도는 시간이라는 척도와는 조금도 관련이 없다. 시간이 갖는 신비로운 요소의 문제성과 이중성에 대해 암시해 두기 위해서 미리 밝혀 두는 것이다. (....)" (만, 1987:12)

● 모델 답안

이 텍스트에서 독자는 주인공 한스 카스토르프의 이야기를 들려주는 서술자의 모습을 확인할 수 있다. 서술자 스스로가 주인공에 대하여 말하려고 한다는 의도를 밝히면서 이야기를 하는 이유와 그 이야기를 하기 위하여 가장 적절한 시제가 무엇인지도 스스로 밝히고 있다. 독자는 한스 카스토르프의 이야기를 ‘우리’라고 말하는 서술자의 중개를 통해서 읽고 있는 것이다.

Ⅲ. 누가 서술하는가?

전형적 서술상황과 서술자

주요 개념과 내용
· 전형적 서술상황과 서술자
· 모드(Mode), 인물의 존재영역, 시점
· 서술자 유형원

우리는 위에서 소설 장르의 특징으로서 중개성을 설명하였으며, 중개적 단계에서 활동하는 서술자를 언급하였다. 또한 하나의 작품이 지닌 작품성과 그 작품의 성패는 바로 이 '중개성'을 어떻게 형상화하느냐에 달려있다고 하여도 과언이 아님을 강조하였다. 따라서 중개성을 의미하는 서술자의 형상화가 소설에서 얼마나 중요한지를 알 수 있다. 그렇다면 서술자는 누구 또는 무엇인가? 그의 역할은 무엇이며, 어떤 유형의 서술자가 존재하는가?

우리 스스로가 어떤 허구적 글을 쓴다고 가정해 보자. 이때 우리는 펜을 들고 어떻게 쓸까 고민을 할 것이다. 이때의 고민은 바로 어떤 시점, 즉 누구의 시각에서 이야기하려는 내용을 서술할 것인가라는 문제이다. 어떻게, 어떤 관점에서 쓸까? 이 물음은 투박한 원소재로서의 '이야기 소재'를 어떻게 시간－공간－인물－의미의 인과성으로 전환하여 유의미한 것으로 형상화하는가라는 질문이다. 작품의 창작에서 중요한 문제는 작가가 현실에 대한 자신의 생각을 중개성을 통하여 허구적인 '현실'의 틀로 바꾸는 과정에서 실패하느냐 성공하느냐의 문제다.

우리는 문장의 주어를 "나"로 시작하면서 '나'의 관점에서 서술할 수 있고, 또는 "그들은…"이라고 시작함으로써 서술되는 대상을 현장에서 목격하고 있는 제3자의 객관적 관점에서 서술할 수 있으며, 또는 "그들은…" 또는 "나는…"이라고 시작하지만 인칭에 구애받지 않고 서술되는 대상의 외부만이 아니라 그들 내부의 심리적인 상태까지도, 또는 과거에 일어난 일에 대해서 알고 있을 뿐만 아니라 앞으로 일어날 미래의 상황까지도 알고 있는 위치에서 서술할 수 있다. 이 세 가지 서술관점을 서술이론에서는 '전형적 서술상황'이라고 하며, 이를 "일인칭 서술상황/서술자", "등장인물적 서술상황/서술자" 그리고 "전지적 서술상황/서술자"라로 분류하여 표현한다. 서사문학의 전형적인 서술상황을 정립한 문예학자 슈탄첼에 따르면 전형적인 서술상황과 서술자를 구분하는 기준은 다음의 세 가지이다.

첫째 기준은 모드(Mode)이다. 즉 누가 이야기하느냐의 문제이다. 이것은 독자가 작품의 세계 내에서 일종의 인격화된 서술자와 만나는가 아니면 서술의 흔적을 거의 의식할 수 없는 반영자적 서술자를 통해 작품을 보는가라는 문제로 요약된다. 즉 모드는 서술자－반영자[2]의 문제로 요약된다. 둘째는 인물(person)의 존재영역으로서 서술자의 존재영역이 어디인가라는 문제로 요약된다. 서술자가 소설의 세계 내에 존재하느냐 아니면 소설의 외부세계에 존재하느냐의 문제, 그의 존재영역이 소설의 존재영역과 동일한지 아닌지의 문제로 요약된다. 마지막으로는 시점(perspective)이다. 서술자가 어떤 시점에서 사건을 보며 어떤 시점에서 서술하는가의 문제, 즉 허구적인 현실을 지각하고 서술하는 시점의 문제이다. 서술의 시점이나 관점이 주인공이나 등장인물의 내부와 외부의 어느 곳에 있는가?

특정한 서술자가 위에서 언급한 기준에서 어떤 요소를 가장 본질적이며 중요한 요소로 갖고 있는가에 따라 서술자의 유형이 구분된다. 서술자가 어떤 특정한 형식을 가장 본질적인 요소로 가질 때 우리는 이를 '전형적' 서술자라고 부른다. 아래의 도표에서 우리는 위에서 언급한 세 가지 전형적인 서술자 유형과 함께 매우 다양한 형태의 서술자를 확인할 수 있다.

존재의 영역이 완전히 작품의 세계 내에 있을 때 그 서

서술자 유형원(Stanzel, 1982:81)

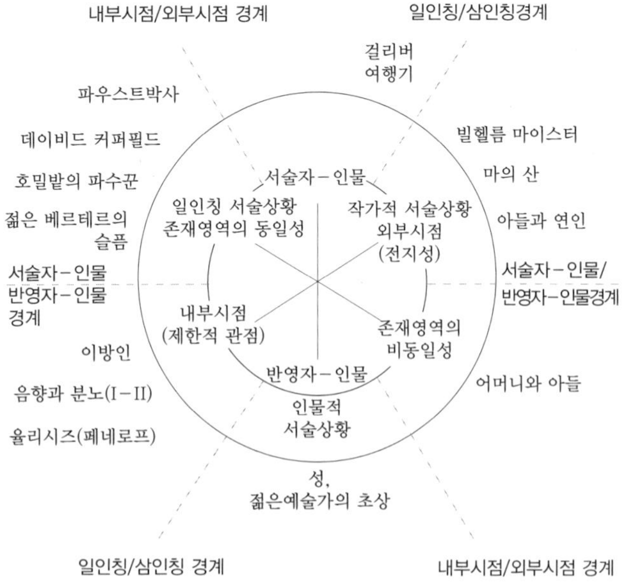

술자는 '일인칭 서술자'의 경향을 강하게 갖고 있으며, 반영자적인 현상이 두드러지게 나타날 때 '등장인물적 서술자' 또는 '3인칭 서술자'의 경향이 지배적이며, 외부시점이 두드러질 때 '전지적 서술자'일 가능성이 높다. 위 도표에 따르면 디킨스의 『데이비드 커퍼필드』가 전형적인 일인칭 서술상황을, 괴테의 『빌헬름 마이스터』가 전형적인 전지적 서술상황을, 그리고 카프카의 『성』이 전형적인 반영자 서술상황을 나타내고 있음을 알 수 있다. 그러나 서술자의 유형은 위에서 언급한 세 가지 전형적인 형태만 있는 것이 아니라 360도의 원형의 공간에서 어떤 임의의 위치를 점할 수 있을 만큼 매우 다양하다는 것을 유형원에 나타난 다른 작품들을 통해 알 수 있다. 유형별 서술자에 대해서는 아래에서 좀 더 자세히 설명하겠다.

1. 일인칭 서술자

주요 개념과 내용
· 서술(체험/회상)하는 나와 서술(체험/회상)된 나, 과거의 나와 현재의 나
· 허구적 영역에 존재
· 내부시점과 서술자 형태의 우세
· 신빙성

일인칭 서술자를 구분하는 기준은 '나' 또는 '우리'와 같은 단수나 복수 일인칭 대명사의 사용이 아니라 그가 소설의 세계, 즉 허구적 영역에 존재하느냐의 문제이다. 일인칭 서술자는 내부시점이 우세하며, 반영자보다는 서술자 형태가 우세하게 나타난다. 이 서술자는 '나'의 관점에서 자신의 이야기를 서술하는 서술자임과 동시에 자신에 관해서 이야기하는, 즉 자신 스스로가 서술의 대상이 된 객체이다. 따라서 자신이 서술의 주체인 서술자이면서도 동시에 서술의 대상이 되기 때문에 서술을 하기 위해 필요한 최소한의 서사적 거리가 확보되지 않는 논리적 모

순이 발생한다. 서술주체와 서술대상 사이에 서사적 거리가 확보되지 않을 땐 서술이 불가능하다. 그러나 일인칭 서술자의 소설은 너무나 많다. 어떻게 이런 서술이 가능한가? 일인칭 서술자의 경우 발생하는 주체와 대상의 중복성을 해소하기 위해 일인칭 서술자는 자신을 분리하는 방법을 취한다. 즉 서사적 거리가 없기 때문에 일인칭 서술자는 서술하는 주체로서의 '서술(체험)하는 나'와 서술의 대상이 된 '서술(체험)된 나'로 자신을 분리하며, 이 차이를 통해 서술에 필요한 서사적 거리를 확보한다. 이런 현상은 우리가 일기를 쓸 때 그날의 사건을 경험하고 체험한 '나'와 일기를 쓰는 순간 그 날의 일을 회상하며 쓰는 '나'를 구분할 수 있는 것과 같다. 또한 거울 속의 나를 바라보는 나의 모습과도 비교해 볼 수 있다.

일인칭 서술자에게서 나타나는 특징 중의 하나는 대부분 현재 '쓰고 있는 나'는 항상 '쓰여지는 나'보다는 나이가 많고, 경험이 많고 좀 더 현명한 '나'이다. 그것은 '쓰고 있는 나'와 '쓰여지는 나'의 분리를 통하여 확보되는 서사적 거리를 통하여 확보되는 거리 때문이다. 이런 현상은 특히 자서전의 경우에서 확연히 드러난다. 자서전의 서술자는 대부분 '산전수전'을 다 겪은 나이 든 '내'가 젊고 철 없었을 때의 '나'를 회상하며 쓰고 있기 때문이다. 이런 '서술하는 나'는 우리가 아래에서 살펴볼 '전지적 서술자'와 유사한 구조적 특징을 지닌다.

일인칭 서술자가 지닌 장점과 단점, 그리고 효과는 다양하다. 서술되는 대상이 자기 자신이기 때문에 객관적 거리를 확보하기 어렵고 따라서 주관성이 강조된다. 그러나 일인칭 서술자는 자신의 이야기를 하기 때문에 서술된 사건에 대하여 가장 높은 신빙성을 부여받을 수 있다. 즉 나의 관점에서 내가 본 세상을 내가 쓰고 싶을 때 일인칭 서술자를 선택하기 때문이다.

독일 작가 고트프리드 켈러G. Keller의 『초록의 하인리히』를 인용해 보면서 일인칭 서술자의 특징을 설명해 보자. 아래의 텍스트는 이제는 장년이 된 주인공 '나'가 청년 시절의 이야기를 쓴지 오랜 세월이 지난 후에 자신의 이야기를 다시 시작하는 부분이다.

"(....) 앞부분을 쓴 지도 참으로 오랜 세월이 흘렀다. 나는 그때와 같은 사람이 아니고, 내 필적도 오래전에 바뀌었지만 그런데도 마치 어제 멈춘 지점에서 다시 계속 이어 쓰는 것 같은 기분이 든다. 변함없는 인생의 방관자에게는 행운도 불행도 똑같이 흥미로운 것이어서, 그런 사람은 그때마다 좌석을 바꿔가며 점점 줄어드는 수명이 다할 때까지 깊이 주의하지도 않고 수많은 세월을 보낸다(...)." (켈러, 2009:2권, 96)

위 인용문에서 서술하고 있는 '나'는 두 가지 역할을 동시에 하고 있기 때문에 이중적으로 나타난다. 우선은

'회상하는 나'인 '삶의 관찰자'의 역할이 눈에 뜨인다. 이 때의 '나'는 '초록의 하인리히'며 텍스트에서 "나는 거의 동일 인물이 아니다"라고 말하면서 자신의 젊은 날의 이야기를 타인의 이야기처럼 서술하고 있다. 이 때 중요한 것은 자신의 삶의 경로가 서술의 대상이 된 '과거의 나'와 현재 회상하는 '현재의 나'의 역할 분담이다. '회상하는 나'(서술하는 나)와 '회상된 나'(서술되는 나) 사이에는 간극, 긴장, 정체성의 동일성 등의 문제가 생기며, 이 간극은 서술적 거리로서 중요한 기능을 한다. 이때 '회상하는 나'는 '회상된 나'보다 항상 '나이가 많은', '성숙한' 기능을 행사함으로써 '전지전능한' 서술자가 가지고 있는 우월한 역할을 행사한다. 이렇게 시간적으로 나누어진 '나'의 단계는 전기적 성격을 지니고 있다. 이러한 전기적 성격, 즉 두 단계 삶의 동일성에도 불구하고 다음과 같은 질문이 제기될 수 있다. 이 질문은 '회상된 나'와 '서술하는 나'의 동일성에 관한 것으로서, 이 둘이 서로 구분된다는 점이다. 이 말은 '초록의 하인리히'가 존재론적 관점에서 동일 인물이 아니라는 의미가 아니라 서술의 수평 축에서 전개되는 그의 서술 기능과 위치가 다르다는 뜻이다.

동일한 '나'의 두 가지 기능은 고백자의 '진실'과 서술자의 '거짓'에 관한 논의를 불러 일으켰으며, 특히 자전적 소설에서 많이 나타나면서 일인칭 소설의 특정한 형태가 되었다. 이외에도 '회상하는 나'는 그의 상위적인 도덕적 심급을 포기하고 자신을 완전히 과거 단계의 나의 입장으로 옮길 수 있으며, 이렇게 '현재화된 나'의 위치가 서술시점이 될 수도 있다.

위에서 살펴본 텍스트는 서술된 나와 서술하는 나와의 서사적 거리가 어느 정도 분명히 드러나는 텍스트이지만 다음의 텍스트는 '서술된 나'와 '서술하는 나'가 거의 동시적으로 나타나는 특이한 문체의 텍스트이다. 다음 텍스트는 셀린저의 『호밀밭의 파수꾼』에서 발췌한 내용으로서 주인공 홀든이 기숙사의 같은 방에 있던 스트라드레이터와 싸우는 부분이다. '바보'라는 말을 싫어하는 스트라드 레이터에게 홀든이 '바보'라고 놀리자 주먹이 날아온다.

"(....) 네 놈은 더럽고 어리석은 바보같은 자식이야" 내가 말했다.

이 말이 그를 정말 미치게 만들었다. 그는 내 얼굴 앞에다 커다랗고 무식해 보이는 손가락을 대고는 흔들었다.

"홀든, 이 망할 자식. 난 분명히 경고했어. 이번이 마지막이야. 조용히 입 닥치지 않을 거라면, 내가..."

"왜 내가 그래야 하는데?" 난 소리 지르듯이 말했다. "그게 바로 너 같은 바보들의 문제야. 어떤 일에도 토론이라는 걸 할 줄 모른다니까. 그래서 네놈은 늘 바보같이 말을 하는 거지. 절대로 지성적인 토론이라는 건 하고 싶어하지 않으니..."

그 순간엔 그가 나를 정말 늘씬하게 두들겨 팼다. 곧 이어, 땅바닥에 쓰러져 있는 내 모습을 볼 수 있었다. 그가 나를 한방에 쓰러뜨렸는지 아닌지는 뚜렷하게 생각나지는 않는다. 하지만 내 생각엔 그렇지는 않았을 것 같다. 영화에서가 아니라면, 사람을 한방에 쓰러뜨리는 일은 만만한 일이 아니기 때문이다. 그렇지만 코피가 주르르 흘러내리고 있었다. 내가 위를 쳐다보자, 스트라드레이터는 내 바로 위에 서 있었다. 그는 그놈의 욕실용품들을 팔아래에 끼고 있었다.

"곱게 말할 때 왜 입 닥치고 가만히 있지 않았냐?" 그의 목소리는 불안에 떨고 있었다. 내가 바닥에 내동댕이쳐졌을 때 두개골이라도 깨지지 않았나 걱정이 되는 모양이었다.(...)" (샐린저, 2003:66)

위 텍스트의 서술자는 일인칭 서술자이다. 그러나 이 일인칭 서술자는 서술하면서도 동시에 서술당하는 자신을 드러내고 있다. 그는 "땅 바닥에 쓰러져 있는 내 모습을 볼 수 있었다", "코피를 흘리고 있었다"라고 서술하면서 동시에 땅바닥에 누워있는 자신이나 코피를 흘리는 자신을 보고 있다.[3] 또한 위를 쳐다보는 서술대상으로서의 자신을 묘사하면서도 동시에 "내가 위를 쳐다보자"라고 서술하고 있다.

위에서 살펴본 일인칭 서술자 외에도 독일 작가 귄터 그라스의 작품 『양철북』에서 볼 수 있는 전지전능한 일인칭 서술자도 있다.

"(....) 나는 두 개의 60와트짜리 전구 모양에서 이 세상의 빛을 처음으로 보았다. 그래서 오늘날에도 '빛이 있으라 하시니 빛이 있었고...'라는 성서의 한 구절이 마치 오스람 전기회사의 가장 성공적인 선전 문구처럼 생각된다. 부득이한 회음부 파열을 제외하고는 나의 출산은 무사히 끝났다. 머리의 위치가 임부와 태아, 그리고 산파 모두에게도 적합했기 때문에 나는 별다른 고통 없이 해방되었던 것이다. 나는 이 자리에서 다음과 같은 사실을 말해 두고자 한다. 나는 태어났을 때 이미 정신적 성장이 완성되어 있어서 나중에는 단지 그것을 확인할 뿐인 총명한 갓난아기였다. 태아였을 때부터 외부로부터 아무런 영향도 받지 않고, 오직 자신에게만 귀를 기울였으며, 양수에 비치는 자신의 모습을 바라보고 있었다. 하지만 이제는 전구 밑에서 양친의 입으로부터 자연스럽게 새어 나오는 그 최초의 말들에 비판적으로 귀를 기울이고 있었다.(...)" (그라스, 2001:61－62)

주인공 오스카는 소설 내의 영역에 존재하기 때문에 '일인칭 서술자'이다. 그러나 그는 '서술하는 서술된 자'로서 소설의 내부 영역에만 존재하지는 않는다. 이외에도 그는 출생 때부터 성인의 지적 능력을 갖춘 기괴한 인물로서 '전지전능함'도 동시에 보여주고 있다. 이런 특이한 현상은 자신의 체험에 근거하여 자신의 관점에서 독일의 역사를 보여주면서도 동시에 그 역사에 대한 외부적 통찰력을 가지려는 서술전략에 의해 생겨난 것으로 해석된다. 이런 의도가 있었더라도 전지적 시점은 독자들에게 권위적으로 느껴질 수 있었을 것이다. '나', 즉 일인칭의 관점에서 독일 역사 전체를 조망하면서도 동시에 독자들에게 자신의 역사관을 전달하려고 하기 때문에 이런 '전지적 일인칭 서술자'가 필요했을 것으로 분석된다.

●심화 텍스트

다음의 텍스트에서 등장하는 서술자가 일인칭 서술자인지 살펴보고 그 이유를 설명해 보자.

"벌써 30년이 다 돼가지만, 그해 봄에서 가을까지의 외롭고 힘들었던 싸움을 돌이켜보면 언제나 그때처럼 막막하고 암담해진다. 어쩌면 그런 싸움이야말로 우리 살이가 흔히 빠지게 되는 어떤 상태이고, 그래서 실은 아직도 내가 거기서 벗어나지 못했기 때문에 받게 되는 느낌인지도 모르겠다. 자유당 정권이 아직은 그 마지막 기승을 부리고 있던 그해 3월 중순, 나는 그때껏 자랑스레 다니던 서울의 명문 국민학교를 떠나 한 작은 읍의 별로 볼 것 없는 국민학교로 전학을 하게 되었다. 공무원이었다가 바람을 맞아 거기까지 날려간 아버지를 따라 가족 모두가 이사를 가게 된 까닭이었는데, 그때 나는 열두 살에 갓 올라간 5학년이었다." (이문열, 1987:13)

●**모델 답안**

위 텍스트는 이문열의『우리들의 일그러진 영웅』의 시작부분이다. 이 텍스트에 등장하는 서술자는 일인칭 서술자이다. 이 서술자는 온전히 소설 속의 세계에 존재하고 있는 인물로서 자신을 '나'라고 지칭하고 있으며, 내가 겪은 일을 나의 관점에서 기술하고 있다.

특히 인용부분에서는 '회상된 나'와 '회상하는 나'의 모습이 잘 드러난다. 회상하는 나는 30년이 지난 나이 들고 좀 더 세상물정을 아는 현명한 인물로서 아버지가 왜 지방의 한직으로 발령이 났는지 그 정치적인 이유를 알고 있는 서술자이며, 회상된 나는 이제 막 열두 살이 된 초등학교 5학년 학생이다.

2. 관찰자적 일인칭 서술자

주요 개념과 내용
· 목격자로서 관찰하는 일인칭 나

위에서 설명한 존재영역의 동일성의 관점에서는 '일인칭 서술자'의 기준에 맞지만 이 서술자와는 구분되는 또 다른 '일인칭 서술자'에 대하여 설명해 보자. 이 서술현상은 '목격자로서의 일인칭 나'라는 개념으로 표현될 수 있다. 이때의 일인칭 서술자는 이제 더 이상 서술된 것의

주연이 아니다. 일인칭 서술자는 작품의 주인공을 둘러싼 사건들에 관하여 가장 가까운 곳에서 서술하는 조연이며, 소설에 등장하는 부차적 인물이 주인공의 이야기를 자신의 관점에서 관찰하며 서술하는 기능적 서술자이다.

다음의 텍스트를 살펴보자.

“(....) 예배당에 가서 찬미하고 기도하다가 기도하는 중간에 갑자기 나는 ‘혹시 아저씨도 예배당에 오지 않았나?’하는 생각이 나서 눈을 뜨고 고개를 들어 남자석을 바라다보았습니다. 그랬더니 하, 바로 거기에 아저씨가 와 앉아 있겠지요. 그런데 아저씨는 어른이면서도 눈감고 기도하지 않고 아이들처럼 눈을 번히 뜨고 여기저기 두리번두리번 바라봅니다. 나는 얼른 아저씨를 알아보았는데 아저씨는 나를 못 알아보았는지 내가 빙그레 웃어 보여도 웃지도 않고 멀거니 보고만 있겠지요. 그래 나는 손을 흔들었지요. 그러니까 아저씨는 얼른 고개를 숙이고 말더군요. 그때에 어머니가 내가 팔 흔드는 것을 깨닫고 두 손으로 나를 붙들고 끌어당기더군요. 나는 어머니 귀에다 입을 대고, ”저기 아저씨두 왔어.“하고 속삭이니까 어머니는 흠칫하면서 내 입을 손으로 막고 막 끌어 잡아다가 앞에 앉히고 고개를 누르더군요. 보니까 어머니도 얼굴이 홍당무처럼 빨개졌더군요.

그날 예배는 아주 잼병이었어요. 웬일인지 예배 다 끝날 때까지 어머니는 성이 나서 강대상만 향하여 앞으로 바라보고 앉았고 이전 모양으로 가끔 나를 내려다 보고 웃는 일이 없었어요.

그리고 아저씨를 보려고 남자석을 바라다보아도 아저씨도 한 번도 바라다보아 주지도 않고 성이 나서 앉아 있고, 어머니는 나를 보지도 않고 공연히 꽉꽉 잡아당기지요. 왜 모두들 그리 성이 났는지.... 나는 그만 으아하고 한 번 울고 싶었어요.(....)" (주요섭, 1995:19－20)

이 텍스트는 『사랑손님과 어머니』에서 발췌한 내용이다.

이 작품의 주인공은 옥희의 어머니이지만 서술자는 자신의 어머니를 관찰하는 딸 옥희이다. 왜 이 작품에서는 관찰자적 일인칭 서술자가 등장하며, 그의 효과는 무엇일까?

옥희의 어머니가 주인공이 되고 주인공인 '나', 즉 옥희 엄마의 관점에서 서술하는 일인칭 서술자의 시점은 이 작품에서 이론적으로는 가능하다. 이 경우 자신의 속마음을 솔직하면서도 신빙성있게 표현할 수 있는 장점도 있을 것이다. 그러나 이론적으로는 가능하지만 실제로 많은 문제점을 노정할 우려도 있었을 것이다. 그것은 전쟁 미망인의 관점에서 총각선생을 연모하는 마음을 드러내기가 어려울뿐더러 이런 생각을 표현하는 것은 작품이 출간된 당시의 사회통념 상 윤리적으로 비판받을 일이며 당시의 사회분위기로도 용납되기 어려웠을 것이다. 이런 상황에서 저자는 윤리적이며 사회적인 금기를 훼손하지 않으면서도 가장 가까운 곳에서 이 사건을 서술할 수 있는 옥희를 관찰자적 일인칭 서술자로 선택했을 것이다. 옥희의 천진난만한 눈을 통하여 윤리적으로 받아들이기 어려운 어른들의 사랑이 순진무구한 것으로 채색될 수 있는 장점도 있을 것이다. 아저씨와 엄마의 관계를 모르는 사람은 옥희 밖에 없으며, 독자는 이 모든 것을 바라볼 수 있는 우월한 위치에서 줄거리의 진행을 즐길 수 있다.

● 심화 텍스트

다음 텍스트에서 관찰자적 일인칭 서술자의 특징을 살펴보고 그의 서술적 효과를 알아보자.

"(....) 아버지는, 계속 좀더 아저씨 곁으로 바짝 붙여서 차를 몰면서, 오른쪽으로 몸을 기울여 차의 앞문을 열고 다시 소리쳤다.

〈어서 타시라니까요, 글쎄! 몸이 흠뻑 젖으셨잖아요! 그러다가 죽겠어요!〉"

그런데 '그러다가 죽겠어요'라는 표현은 우리 아버지의 언어 습관에는 전혀 어울리지 않는 말이었다. 나는 한 번도 아버지가 다른 사람에게 진심으로 '그러다가 죽겠어요.'라는 말을 하는 것을 들어본 적이 없었다. '그런 말은 틀에 박힌 빈말이다'라고 아버지는 우연히 '그러다가 죽겠어요'라는 말을 듣거나 읽을 때면 우리에게 그렇게 설명하곤 했다.

'틀에 박힌 빈말이라는 것은 – 너희들도 기억해 두는 것이 좋을 거야 – 어중이떠중이들이 입이나 펜으로 수도 없이 많이 사용했던 말이라서, 그 말 자체로는 아무런 의미도 없는 거야. 실제로 그렇단다.'

그런 말을 우리에게 할 때 아버지는 대개 좀 흥분한 상태였기 때문에 이렇게 덧붙이곤 했다.

그런 것들은 '차 한 잔 마시세요. 그러는 게 몸이 좋을 거예요'라든가 '의사 선생님, 환자의 상태가 어떤가요? 환자가 이겨낼 수 있을까요?' 등의 말들처럼 아무 의미도 없는 쓸데없는 말들이다. 그런 말들은 인간의 삶에서 만들어진 말들이 아니라, 질 나쁜 소설이나 터무니 없는 미국 영화에서 생겨난 말들이니까 그런 말들을 똑똑히 기억해 두거라.'

그래서 '그러다가 죽겠어요'라는 따위의 말들을 아버지는 전혀 사용하지 않았다. 그런데 우박이 떨어진 도로에 이슬비가 내리던 날, 좀머 아저씨 옆으로 차를 몰면서 그런 틀에 박힌 빈말을 아버지가 열린 창문을 통해 큰소리로 외쳤던 것이다.

'그러다가 죽겠어요.'

그 말에 아저씨가 우뚝 섰다. 내가 보기에 그는 바로 '죽겠어요'라는 말에서 빳빳하게 굳어지며 멈춰 서는 것 같았다. 그것도 너무 갑작스럽게 그렇게 해서 아버지는 그의 옆을 지나치지 않으려고 급 브레이크를 밟아야만 했다. 아저씨는 오른손에 쥐고 있던 호두나무 지팡이를 왼손으로 바꿔 쥐고는 우리 쪽을 쳐다보고 아주 고집스러우면서도 절망적인 몸짓으로 지팡이를 여러 번 땅에 내려치면서 크고 분명한 어조로 이렇게 말했다.

'그러니 나를 좀 제발 그냥 놔두시오!'(....)" (쥐스킨트, 1992:35−37)

● **모델 답안**

위의 내용은 파트릭 쥐스킨트의 『좀머씨 이야기』에서 발췌한 것이다. 『좀머씨 이야기』의 주인공은 물론 좀머 씨이지만 그는 거의 말을 하지 않는다. 이 소설은 '관찰하는 일인칭 서술자'를 도입함으로써 '나'의 순진한 눈에 비친 어른 세계의 위선과 빈말 그리고 거짓스러운 사회를 비판하고자 했을 것이다. 왜냐하면 그의 순진한 눈을 통하여 위선된 세계로부터 잰 걸음으로 벗어나려는 좀머 씨의 괴로움을 볼 수 있기 때문이다. 만약 이런 내용을 좀머 씨 스스로가 일인칭 서술자가 되어 이야기한다면 그 효과는 반감될 것이다.

3. 반영자적 서술자

주요 개념과 내용
· 서술의 흔적을 찾기 어려움
· 등장인물의 의식의 반영
· 현장성과 직접성의 강조

서술자 중에서 그 존재를 확인하기 가장 어려운 서술

자 유형 중의 하나가 바로 반영자적 서술자이다. 왜냐하면 반영자 서술자는 자신의 존재를 드러내거나 서술의 흔적을 거의 남기지 않으면서 서술을 하기 때문이다. 또한 등장인물의 의식을 반영하기 위하여 등장인물의 의식 속으로 사라지고 이런 현상에 의해 독자는 등장인물만 있고 서술자는 없다는 느낌을 갖기 때문이다. 이 경우 독자는 서술의 중개과정을 거치지 않고 직접 현장에 있다는 느낌을 받는다. 이 서술상황에서는 사건과 줄거리의 서술이 등장하는 인물의 의식 속에서 이루어진다. 반영자는 소설 속의 인물의 시점에서, 인물의 의식을 통하여 대상을 느끼고 성찰하고 인지한다. 이 서술자는 외부의 세계에 있는 독자에게 말을 걸지 않으며, 독자는 등장인물의 눈, 즉 반영자의 눈을 통하여 사건의 전개와 사건 속의 다른 인물을 본다. 이 경우 아무도 서술을 하지 않는다는 느낌 때문에 간접적인 중개성에 직접성의 환상이 중첩되며, 독자는 마치 자신이 사건 현장에 있다는 착각을 하게 되며, 따라서 '현장성'이 강조된다.

이 서술상황에서는 서술자가 등장인물의 생각과 시각을 있는 그대로 전달하고 독자는 등장인물의 생각을 직접적으로 전달받고 있다고 느끼기 때문에 이런 서술자를 반영자적 서술상황 또는 반영자 서술자라고 부른다.

다음 텍스트에 등장하는 서술자는 어떤 서술자인가? 그리고 그 서술적 효과는 무엇인가?

"(....) 무슨 나쁜 짓을 한 적이 없는데도 요세프 카(K)가 어느 아침에 체포당한 것을 보니 누가 그를 중상한 게 틀림없다. 하숙집 주인인 그루바흐 부인이 데리고 있는 식모가 매일 아침 여덟 시 쯤엔 그에게 아침을 가져 왔는데, 오늘따라 오지 않았다. 지금까지 이런 일은 없었다. 카는 잠시 더 기다리다가 그의 베개에 누운 채 전에 없던 호기심으로 자기를 살펴보고 있는 건너 집 노파를 보고는 언짢기도 하고 배도 고파서 벨을 눌렀다. 곧 노크소리가 나더니 이 집에서는 한 번도 본 적이 없는 웬 남자가 들어왔다. 늘씬하고 튼튼한 체격의 남자였고 꼭 맞는 검은 옷을 입고 있었는데 그것은 여행복처럼 주름과 호주머니와 혁대와 단추 등이 가지가지 달려있고 또 혁대까지 있어서 어떤 목적에 입는 것인지 확실하진 않지만 무척 실용적으로 보였다.

"누구십니까?"하고 카는 침대로부터 몸을 반쯤 일으키며 물었다. 그러나 그 남자는 자기가 나타난 것이 당연하다는 듯이, 묻는 말엔 아랑곳하지 않고 이렇게만 말했다. "당신이 벨을 울렸죠?" "안나가 아침을 가져 와야 하는데." 여기서 카는 입을 다물고 마음을 가다듬으며 곰곰이 생각하면서 이 남자가 대체 누구인지 짐작해 보려고 애썼다. 그러나 그 남자는 어느 새 카의 시선에서 벗어나 문 쪽으로 돌아섰다. 그는 문을 약간 열고는 문 뒤에 바짝 서 있는 듯한 누구에게 말했다.(....)" (카프카, 1992:15)

위의 텍스트는 카프카의 『심판』의 시작 부분이다. 주인공 카(K)가 아침밥을 기다리지만 오지 않아 벨을 누르자 웬 낯선 남자가 들어오는 부분이다. '무슨 나쁜 짓을 한 적이 없는데도 요세프 카가 어느 아침에 체포당한 것을 보니 누가 그를 중상한 게 틀림없다'라는 부분까지는 3인칭 서술자의 서술상황이다. 그러나 곧 이어지는 부분 즉 '베개에 누운 채 전에 없던 호기심으로 자기를 살펴보고 있는 건너 집 노파를 언짢'게 바라보는 부분이나 '곧 노크소리가 나더니 이 집에서는 한 번도 본 적이 없는 웬 남자가 들어왔다' 이후의 부분에서는 3인칭 서술자가 서술하고 있지만 카의 의식 속에서 일어나는 생각을 반영하여 서술함으로써 서술의 시점이 3인칭 서술자에서 서서히 반영자적 서술자로 옮겨가는 중이다. 이런 상황에서 독자는 이 이야기가 서술자에 의해서 서술된다는 중개성을 느끼기 보다는 카의 의식 속에서 일어나는 생각을 직접적으로 전달받으며, 카가 보는 장면을 마치 현장에서처럼 직접 보고있다는 직접성을 느끼게 된다. 그러나 이런 현상은 어디까지나 '반영자 서술자'가 불러일으키는 서술효과인 것이다.

이런 서술형식은 카프카의 작품에서 두드러지게 나타나는 특징이다. 이 서술상황의 특징은 독자는 현장성에 있다는 환상을 갖게 되지만 등장인물이 보고 체험하는 제한된 시각만을 갖게 되면서 전체를 볼 수 있는 가능성을 잃게 되고 독자의 시각도 한정된 등장인물의 시각을 벗어나지 못한다. 따라서 독자도 한정된 시점과 환경으로 내던져진 존재로서 출구가 보이지 않는 답답함을 느끼게 된다. 독자에게 가장 많은 생각을 요구하고 독자를 가장 많이 불편하게 만드는 서술자가 바로 카프카의 작품에 등장하는 서술자이다.

● 심화 텍스트

다음 텍스트에 등장하는 서술자의 특징을 살펴보자.

"(....) 그리고 그는 궤짝 위에서 째깍거리고 있는 자명종 시계를 건너다보았다. '맙소사!' 그는 생각했다. 여섯시 반이었다. 그런데 시계 바늘은 유유히 앞으로 가, 반을 지나 벌써 사십오분에 가까이 가고 있었다. 자명종이 울리지 않았단 말인가? 시계가 네 시에 제대로 맞춰져 있는 것이 침대에서 보이는 걸 보니 울렸음이 분명하다. 그렇다. 그러나 가구를 온통 뒤흔드는 이 시계 소리를 듣고도 편안히 잠을 잘 수가 있었을까? 편안히 잠들지야 못했으나, 아마 그래서 그만큼 더 깊이 잠들었나 보다. 그러나 그는 이제 무엇을 해야 한단 말인가? 다음 기차는 일곱 시에 있으니 그 차 시간에 대려면 미친 듯이 서둘러야 할 텐데 견본 꾸러미도 아직 꾸리지 못한 데다가 그 자신은 도무지 몸이 개운치 않은 데다 잘 움직일 것 같지 않았다. 그리고 기차 시간에 댄다 하더라도 사장의 호된 꾸지람은 면할 수가 없다. 급사가 다섯 시 가차에서 기다렸다가 내가 그 기차를 놓쳤다는 보고를 벌써 올려버렸을 테니 말이다. 그

자는 사장의 앞잡이로 줏대 없는 위인이었다. 그럼 몸이 아프다고 하면 어떨까? 그러나 그것은 지극히 거북하고 의심을 살 만한 짓이다. 그레고르는 5년 동안 일해 오면서 한 번도 아프지 않았기 때문이다. 틀림없이 사장은 의료보험회사 전속 의사를 데리고 와, 게으른 아들을 두었다고 우리 부모를 나무라고, 이의라도 말할라치면 보험회사 전속 의사를 가리키며 딱 자를 것이고, 그 의사로 말하면 세상에는 오로지 아주 건강하되 일하기를 싫어하는 인간들만 있다고 생각하는 사람이다. 또 이런 경우에 의사가 그토록 영 틀렸다고 할 수 있을까. 그레고르는 실제로, 잠을 오래 자고 난 후 정말 쓸데없이 졸리는 그런 상태를 제외하면, 아주 건강했고 심지어 배가 몹시 고프기까지 했다.(....)" (카프카, 2003:11－12)

● 모델 답안

위의 텍스트는 카프카의 『변신』의 한 부분이다. 아침에 잠을 깬 주인공은 자신이 갑충으로 변신한 것을 보게 되고 침대에서 기차를 놓친 것과 어떻게 출근할 것인가를 걱정하고 있다. 독자는 주인공의 의식이나 시점에 따라 침대에 누운 자세로 방안의 자명종 시계나 가구를 보게 되고, 마치 현장에 있는 듯한 느낌을 갖게 된다. 그리고 '자명종이 울리지 않았단 말인가?' 이후의 내용은 주인공의 머리에서 일어나는 생각을 직접적으로 전달받고 있다는 느낌을 받는다. 이런 현상은 반영자적 서술자, 즉 주인공의 의식 속에서 일어나는 사건을 그대로 반영하여 서술하는 서술자에 의해 가능하다. 이런 서술기법은 카프카 작품의 특징으로서 독자에게 탈출구 없는 답답함을 느끼게 한다.

4. 중립적 삼인칭 서술자

주요 개념과 내용
· 중립적이고 객관적인 제3의 시점
· 외부시점

중립적 삼인칭 서술자는 우리가 위에서 살펴본 반영자적 서술자처럼 특정한 등장인물의 시점에 몰입하지 않고 중립적이고 객관적인 제 3의 시점에서 바라보는 관찰자의 입장을 취한다. 중립적 서술자는 주관성을 배제한 관찰자의 시점에서 인물들의 말과 행동을 객관적으로 묘사할 뿐이다. 가치판단, 내면세계에 대한 묘사 등은 하지 않으며, 줄거리의 진행에 개입하지도 않는다. 그는 다만 인물들의 표정, 인상, 몸짓 등을 통해 서술의 중간 중간에 자신의 감정을 삽입한다. 이를 통해 객관성과 중립성이 유지되며, 독자는 현장에 있는 듯한 직접성을 느끼게 된다. 이 경우 서술자는 외부시점을 취한다.

다음의 텍스트는 이범선의 『학마을 사람들』로서 동네 사람들이 부산에서 피난살이를 마치고 학마을로 돌아가기 위해 떠나는 부분이다.

"(....) 부산은 강원도 두메보다 봄이 일렀다. 한겨울을 그 속에서 난 창고 모퉁이에 파릇한 풀싹이 돋아 올랐다. 그들은 잊어버렸던 것처럼 새삼스레 마을이 그리웠다. 저녁때 모여 앉으면 그들은 은근히 이장 영감의 얼굴을 살폈다. 이장 영감은 그저 가느스름하게 눈을 감고 묵묵히 앉아 있을 뿐이었다.

그러던 어느 따스한 날, 그들은 떠났다. 행장이 마을을 떠날 때보다 더 초라했다. 그뿐이 아니었다. 사람 수효가 줄었다. 여섯 가구 스물세 사람이던 것이, 지금 조그마한 보따리를 지고 이고 나선 것은 열아홉 사람뿐이다. 봉네의 남동생 하나는 병정으로 뽑혀 나갔고, 어린애 둘은 두부 비지만 먹다 죽었다. 그리고 제일 큰 일은, 덕이 아버지가 부두 노동을 하다 궤짝에 치여 죽은 일이었다.(....)" (이범선, 1991:56)

위의 텍스트는 봄을 맞이한 부산의 창고 주변과 길을 떠나는 사람들을 담담히 서술하고 있을 뿐이다. 다만 "새삼스레 마을이 그리웠다"에서 알 수 있듯이 전지적 서술자의 경향을 나타내거나 이장의 표정을 살피는 그들을 묘사하는 부분에서 초조함이 간접적으로 전달되고 있지만 전체적으로는 학마을로 돌아가는 그들의 모습이 비교적 객관적으로 담담히 서술되고 있다.

● 심화 텍스트

다음 텍스트에 등장하는 서술자 유형과 그 특징을 살펴보자.

"(....) 두 대의 노란 포장마차가 어느 날 아침 문 앞에 멈춰 서더니 사람들이 집 안으로 터벅터벅 걸어 들어와 가재도구를 내가기 시작했다. 지푸라기와 밧줄 토막이 널려 있던 앞뜰을 거쳐 요란스럽게 끌어낸 가구들이 문간에 서 있던 커다란 포장마차에 실렸다. 모든 것이 무사히 운반되자 포장마차들은 요란스러운 소리를 내며 길을 떠났다. 울어서 눈이 벌겋게 된 어머니와 함께 타고 있던 객차의 창을 통해서 스티븐은 그 마차들이 메리온 로(路)를 따라 무겁게 덜컥거리며 지나가는 것을 지켜보고 있었다.

그날 저녁, 거실 벽난로의 불은 좀처럼 지펴지지 않았다. 그래서 디덜러스 씨는 난로 쇠난간에 부지깽이를 기대여 놓고 불꽃을 피워 올리려고 했다. 찰스 아저씨는 가구가 반으로 줄고 양탄자마저 깔려 있지 않은 거실의 한쪽 구석에서 졸고 있었고, 그 옆으로는 집안 초상화들이 벽에 걸려 있었다.(....)" (조이스, 2006:103)

● 모델 답안

위 텍스트는 제임스 조이스의『젊은 예술가의 초상』의 한 부분으로서 아버지의 사업실패로 집안의 가구가 경매 처분되어 실려 나가는 장면을 묘사한 부분이다. 장면이 객관적으로 묘사되고 있으며, 다만 "울어서 눈이 벌겋게 된 어머니와 함께"라는 부분에서 스티븐의 감정이 간접적으로 드러나고 있다.

5. 전지적 서술자

주요 개념과 내용
· 전지성
· 편재성
· 내-외부시점
· 전지성의 희화화

전지적(全知的) 서술자는 말 그대로 모든 것을 알고 있는 서술자이다. 과거와 미래를 알고 있으며, 등장인물의 외부는 물론이거니와 내면세계까지도 알고 있으며, 어느 곳에나 존재하는 서술자이다. 전지적 서술자는 전지전능성을 가지며 소설의 과거와 미래를 종횡무진 가로지른다. 그는 소설의 세계인 허구적 세계에 있기도 하지만 현실의 세계에 있는 독자에게 말을 걸기도 하는 그런 서술자이다. 전지적 서술자의 경우에 내부시점이 우세한 것으로 오해하는 경우가 있다. 그러나 이것은 잘못된 생각이다. 내부시점만 있을 경우에는 오히려 '비전지성'이 나타나며 내부시점과 함께 외부시점이 강조될 때 '전지성'이 더욱 강조된다.

다음 텍스트는 쥐스킨트의 작품 『향수』의 시작 부분

이다.

"(....) 18세기 프랑스에 한 남자가 살고 있었다. 이 시대에는 혐오스러운 천재들이 적지 않았는데, 그는 그 중에서도 가장 천재적이면서 가장 혐오스러운 인물 가운데 하나였다. 이 책은 바로 그 사람에 대한 이야기이다. 사드나 생 쥐스트, 푸세나 보나파르트 등의 다른 기이한 천재들의 이름과는 달리 장 바티스트 그르누이느라는 그의 이름은 오늘날 잊혀져 버렸다. 물론 그것은 오만, 인간에 대한 혐오, 비도덕성 등 한마디로 사악함의 정도에 있어 그르누이가 그 악명 높은 인물들에 뒤떨어지기 때문은 아니다. 단지 그의 천재성과 명예욕이 발휘된 분야가 역사에 아무런 흔적도 남기지 않는 냄새라는 덧없는 영역이었기 때문이다.

이 책에서 이야기되고 있는 시대에는 우리로서는 거의 상상도 할 수 없을 정도의 악취가 도시를 짓누르고 있었다.(....)" (쥐스킨트, 1991:9)

위의 서술자는 프랑스의 18세기 전체에 대한 조망을 할 수 있는 사람이며, 그 당시에 살았던 대부분의 천재들을 알고 있는 사람이다. 이 서술자는 또한 그들에 대한 평가를 내릴 수 있는 위치에 있는 사람이며, 동시에 현재 독자가 책을 읽고 있는 시대에도 동시적으로 살고 있는 사람이다. 그는 과거와 미래의 공간을 자유자재로 움직이며, 내부와 외부시점의 이동이 자유로운 서술자로서 전지적 특성을 지닌 서술자이다.

전지적 서술자는 그의 전지성으로 인해 독자에게 믿음을 준다. 따라서 독자는 그를 신뢰하고 그를 믿으며 그를 따라 소설을 읽기만 하면 되는 그런 편안함을 주는 서술자이기도 하지만 이로 인해 독자를 가장 수동적으로 만드는 서술자이기도 하다. 이런 전지적인 서술자는 논쟁의 대상이 되어 왔으며 19세기의 후반부에 와서야 비로소 이 서술자의 무한한 지배와 존재에 대해 의구심과 함께 문제가 제기되었다. 프로이트의 정신분석학의 등장과 함께 그때까지 인간이 알지 못하던 본능과 무의식의 세계가 나타났으며, 사회의 발전과 함께 세계가 한 인간에 의해 이해될 수 있는 경계를 훨씬 벗어난 시점에서 그리고 그와 함께 인간이 믿고 있었던 전지전능성이 사라진 시대에 전지전능성을 주장하는 것은 독자를 기만하는 것이라고 생각했기 때문이다. 이와 함께 인간이 자기 자신도 잘 모르는 상황에서 전지적 서술자를 유지하는 것이 현실에 대한 이해와 상치되었기 때문이다. 특히 제2차 대전을 겪고 난 후의 유럽에서는 전지적 서술자에 대한 비판이 강하게 제기되었다. 무참한 파괴와 학살이 자행된 사건을 겪고도 마치 아무 일도 없었다는 듯이 전지성을 고수하는 것이 역사의 경험과 맞지 않기 때문이었다. 서술된 현실을 전지전능한 서술자의 징후로 보는 대신에 이제는 서술자의 위치도 서술되어질 현실의 조건으로 이해되었다.

위에서 인용한 작품『향수』에서는 전지적 서술자가 자신 스스로를 희화화하는 부분이 있다. 예를 들어 무엇인가를 예고했지만 예고한 것이 도래하지 않거나 도래하지만 예고한 내용과는 다르게 나타나는 방법을 통해서이다. 이런 서술 기법은 '전지적' 서술자 스스로를, 서술과정 자체를 테마화하면서 '전지전능성'을 반어적으로 사용하는 것으로 이해될 수 있다.

●심화 텍스트

다음 텍스트에 등장하는 서술자의 특징을 살펴보자.

"(....) 경성학교 영어교사 이형식은 오후 두 시 사년급 영어 시간을 마치고 내려 쪼이는 유월 볕에 땀을 흘리면서 안동 김 장로의 집으로 간다. 김 장로의 딸 선형이가 명년에 미국 유학을 가기 위하여 영어를 준비할 차로 이형식을 매일 한 시간씩 가정교사로 고빙하여 오늘 오후 세 시부터 수업을 시작하게 되었음이다.

이형식은 아직 독신이라, 남의 여자와 가까이 교제하여 본 적이 없고 이렇게 순결한 청년이 흔히 그러한 모양으로 젊은 여자를 대하면 자연 수줍은 생각이 나서 얼굴이 확확 달며 고개가 저절로 숙여진다.(...) 어제 김 장로에게 그 부탁을 들은 뒤로 지금껏 생각하건마는 무슨 묘방이 아니 생긴다. 가운데 책상을 하나 놓고, 거기 마주앉아서 가르칠까. 그러면 입김과 입김이 서로 마주치렷다.

혹 저편 히사시가미(주:양갈래로 딴 머릿단)가 내 이마에 스칠 때도 있으렷다. 책상 아래서 무릎과 무릎이 가만히 마주닿기도 하렷다.

이렇게 생각을 하고 형식은 얼굴이 붉어지며 혼자 빙긋 웃었다. 아니 아니, 그러다가 만일 마음으로라도 죄를 범하게 되면 어찌하게. 옳다, 될 수 있는 대로 책상에서 멀리 떠나 앉았다가 만일 저편 무릎이 내게 닿거든 깜짝 놀라며 내 무릎을 치우리라. (...) 형식은, 아뿔사! 내가 어찌하여 이러한 생각을 하는가, 내 마음이 이렇게 약하던가 하면서 두 주먹을 불끈 쥐고 전신에 힘을 주어 이러한 약한 생각을 떼어버리려 하나, 가슴 속에는 이상하게 불길이 확확 일어난다. 이때에, 〈미스터 리, 어디로 가는가〉하는 소리에 깜짝 놀라 고개를 들었다.(....)" (이광수, 1993:13)

● 모델 답안

위의 텍스트는 이광수의『무정』의 한 부분이다. 이형식이 김 장로부터 미국으로 유학가는 자신의 딸 선형이를 위하여 영어 가정교사를 해달라는 부탁을 받은 후 김 장로의 집으로 가면서 하는 생각을 묘사한 부분이다. 선형이와의 첫 시간을 상상하는 이형식의 생각을 전지적 서술자의 관점에서 묘사하고 있으며, 독자도 이형식의 머리 속에 일어나는 온갖 생각들을 그 못지 않게 잘 알게 된다.

6. 시점의 변화와 서술의 역동성, 그 효과

주요 개념과 내용
· 서술시점의 변화와 효과
· 서술의 역동성

우리는 위에서 여러 유형의 서술자를 살펴보았다. 소설에서는 하나의 서술자 형태만 나타나는 것이 아니다. 그때 그때의 상황에 따라 가장 적절한 유형의 서술자가 나타난다. 인물의 내면을 표현하고자 할 때는 일인칭 서술자가, 현장성과 직접성을 강조하고자 할 때는 반영자적 서술자가, 전체 줄거리를 조망하며 과거와 현재, 내부와 외부시점을 종횡무진으로 움직이며 서술하고자 할 때는 전지적 서술자가 가장 효과적일 것이다. 이처럼 작품의 의도와 서술상황에 따라 일어나는 다양한 서술의 효과와 변화를 서술의 역동성 또는 서술의 리듬이라 부른다. 제임스 조이스의『젊은 예술가의 초상』부분을 인용해 보자.

"(....) 방안에는 침대가 두 대 있었는데 그중 하나에 한 녀석이 누워있었다. 그들이 들어서자 그가 불렀다.

〈이봐! 이거 디덜러스 아냐? 무슨 일이니?〉

〈무슨 일은 무슨 일이야〉 마이클 수사가 말했다.

그는 하급 문법반에 있는 애였다. 스티븐이 옷을 벗고 있을 때 그는 마이클 수사더러 버터를 바른 토스트 한 조각만 갖다 달라고 부탁했다. (...) 마이클 수사는 몸을 구부리고 난로의 불을 긁어모았다. 그의 기다란 등은 마치 궤도 마차를 끄는 말의 잔등처럼 길었다. 그는 부지깽이를 심각하게 흔들며 이 하급 문법반 녀석을 향해 머리를 끄덕였다.

그러고 난 후 마이클 수사는 가버렸고 얼마 뒤에 그 하급문법반 아이는 벽을 향해 돌아눕더니 잠이 들었다.

그게 바로 진료소였다. 그는 병에 걸렸던 것이다. 학교에서 집으로 편지를 내어 부모님께 알렸을까? 편지보다는 신부님 중에서 한 분이 직접 찾아가시는 편이 훨씬 더 빠를 텐데. 아니면 그가 직접 편지를 써서 신부님께 부탁하여 집에 전하도록 할 수도 있지 않을까.

사랑하는 어머니,

저는 지금 아파요. 집에 가고 싶다고요. 제발 오셔서 저 좀 데리고 가주셔요. 저는 지금 진료소에 있답니다.

어머니의 귀여운 아들 스티븐 올림

부모님은 아주 멀리 계시지 않는가! 창 밖에는 싸늘한 햇빛이 비치고 있었다.(....)" (조이스, 2006:36－37)

인용한 텍스트의 첫 부분에서는 방의 내부가 묘사되는 장면적 서술로서 3인칭 서술자의 모습이 나타난다. 곧이어 마이클 수사와의 직접대화 후에 스티븐의 시점에서 마이클 수사를 바라보는 부분이 나온다. 마이클 수사가 방을 떠난 후 서술은 스티븐의 내면세계로 들어가며 그 도입부분은 "그게 바로 진료소였다"이다. 이후부터는 스티븐의 내면세계가 묘사되면서 그의 생각과 의식이 반영자적 서술자에 의해 반영, 즉 서술되고 있다. 특히 스티븐이 어머니에게 보낸 편지를 읽는 부분에서는 독자는 그 편지의 내용을 스티븐의 의식에 반영된 내용을 통하여 알게 된다. 이후 '부모님은 아주 멀리 계시지 않는가! 창 밖에는 싸늘한 햇빛이 비치고 있었다' 부분에서는 스티븐의 마음의 일단을 내비치는 체험적 장면묘사가 나타나며 이후 서술시점은 창 밖으로 향하는 모습으로 그려지고 있다.

이런 다양한 서술자의 도입을 통하여 가장 적절한 서술상황이 만들어지며, 독자가 느끼는 효과는 바로 이런 서술의 리듬과 다양한 서술자 사이에 생기는 틈을 이용해 틈입하는 서술자에 의해 만들어지는 효과일 것이다. 따라서 서술자에 대한 분석은 서술자의 유형을 확인하는 것에 그치지 않고 특정한 서술자가 특정한 상황에서 발생시키는 의미와 효과를 분석하고 그것을 줄거리와 연결할 수 있을 때 의미가 있을 것이다.

● 심화 텍스트

다음 텍스트에서 시점의 변화와 이런 변화를 통해 일

어나는 효과에 대해 생각해 보자.

"(....) "빈들빈들 게으름이나 피우는 녀석 같으니라고!" 학감이 고함질렀다. "'안경이 깨졌습니다'라니! 예전부터 학생들이 즐겨 쓰던 속임수지 뭐냐! 당장 손을 내밀지 못하겠니!"

스티븐은 눈을 감고 손바닥을 위쪽으로 편 채 허공에 내밀었다. 학감이 손을 바로 펴기 위해 손가락을 만지는 것이 느껴졌고 곧 회초리를 쳐드느라 수탄의 소매가 스치는 소리도 들렸다. 막대기가 딱하고 갈라질 때와 같은 따끔하고 찌릿하고 얼얼한 타격에 그의 떨리는 손은 불붙은 가랑잎처럼 오므라졌다. 그 소리와 고통에 그의 눈에는 뜨거운 눈물이 고였다. 그의 온몸은 겁에 질려 떨리고 있었고 팔도 떨리고 있었다. 화끈거리며 새파랗게 질린 오므라진 손 또한 허공에 떠다니는 가랑잎처럼 떨리고 있었다. 울부짖음이 입술까지 솟구쳤다. 그것은 용서해 달라는 호소였다. 그러나 눈물이 그의 눈을 뜨겁게 적시고 고통과 공포로 팔다리가 떨리고 있었지만, 그는 뜨거운 눈물과 목을 태우는 듯한 울부짖음을 억제하고 있었다.

"다른 쪽 손도 내밀어!" 학감이 소리쳤다.

스티븐은 못 쓰게 된 듯 떨고만 있던 오른손을 끌어당기고 왼손을 내밀었다. 회초리를 치켜들 때 수탄 소매는 다시 스쳤고 요란하게 내리치는 소리가 났다. 미칠 정도로 강렬하고 얼얼하고 뜨거운 고통 때문에 그의 손은 오므라들었고 손바닥과 손가락은 핏기 없이 떨기만 하는 살덩이로 되어버렸다. 그의 눈에서는 뜨거운 눈물이 쏟아졌다. 수치와 고통과 공포로 불타며 그는 겁을 먹은 채 떨리는 팔을 끌어들인 후 고통의 비명을 터뜨리고 말았다. 그의 몸은 공포로 인해 마비된 채 떨고만 있었고, 수치와 분노에 쌓인 그는 목구멍에 치밀어 오르는 뜨거운 울음과, 화끈거리는 뺨으로 뚝뚝 흘러내리는 뜨거운 눈물을 느끼고 있었다.

"꿇어 앉아!" 학감이 소리쳤다.

스티븐은 매 맞은 손으로 옆구리를 누르며 재빨리 꿇어앉았다.(....)" (조이스, 2006:78－80)

● 모델 답안

위의 텍스트는 『젊은 예술가의 초상』의 한 부분이다. 스티븐이 라틴어 작문시간에 작문을 하지 않는 것을 보고 학감 돌란 신부가 그 이유를 묻자 스티븐이 안경이 깨져 새 안경이 올 때까지는 작문을 하지 않아도 된다는 허락을 받았다고 말하는 부분이다. 이 말을 공부가 하기 싫어 고의로 안경을 깬 것으로 생각한 학감 돌란 신부가 스티븐을 체벌하고 있다.

처음에는 신부와 스티븐의 직접대화가 있다. 이어 손을 내미는 장면을 묘사하는 서술자 보고 후에 '회초리를 쳐드느라 수탄의 소매가 스치는 소리도 들렸다'를 통해 스티븐 외부의 시점에서 내부로의 전환이 이루어지며, 이후 '막대기가 딱하고 갈라질 때와 같은 따끔하고 찌릿하고 얼얼한 타격에 그의 떨리는 손은 불붙은 가랑잎처럼 오므라졌다....'부터는 3인칭의 외부시점에서 내부 시점으로 변환하여 매를 맞으며 아픔을 느끼는 스티븐의 체험된 내면 감정과 함께 분노하는 그의 의식이 반영되어 서술된다. 이 부분에서는 독자도 그 아픔을 함께 공감할 수 있다. '다른 쪽 손도 내밀어'라는 학감의 직접대화 후 이런 서술의 리듬은 다시 한 번 반복된 후 외부시점으로 변화한다.

7. 서술자의 탈인성화

주요 개념과 내용
· 서술자에 대한 인식의 변화
· '주체'에 대한 이해의 변화
· 언술과정의 주어
· 언술의 주어
· 담론의 주체

지금까지 서술자를 그가 서술하는 현상에 따라 분류하고 그에 따른 서술효과를 중심으로 설명하였다. 이를 통해 서술자 현상에 대한 이해는 주체 개념과 인간에 대한 이해 및 시대의 변화와 함께 변화하였음을 알 수 있다. 서술자 유형을 체계적으로 파악하고, 서술자 자질을 도덕적, 심리적, 또는 언어형식적 기준에 따라 묘사하고 이해하는 것은 비단 서술자 유형에 대한 설명만이 아니라 '개

체'와 '주체'에 관한 역사적 이해를 대변한다고 볼 수 있다. 예컨대 문예비평가 아도르노는 아우슈비츠의 학살과 2차 대전의 가공할 파괴력을 경험한 인류가 아직도 '전지전능한' 서술자의 존재를 주장하는 것은 내용상 이데올로기적인 주장보다도 더욱 이데올로기적이라고 갈파한 것과 무관하지 않다. (Adorno, 1980:11－30)

서술자에 대한 인식의 변화는 특히 후기구조주의 이후 전통적 서술자에 대한 비판이 강하게 제기되면서 나타났다. 이때부터 서술자를 인격적인 요소로 보지 않고 서술의 단위로 보자는 견해도 등장하였다. 즉 '서술자'를 제2의 저자로 인식하는 존재론적인 관점에서가 아니라 일단은 텍스트 내적요소로 분석하자는 것이다. 후기구조주의와 함께 발전한 기호학적 서술이론은 기존의 서술이론과는 크게 보아 다음의 관점에서 구분되는데, 즉 한 작품이 내포하고 있는 '비밀스러움'을 저자에 의해 사유되고 숨겨진 의도나 저자의 '천재적－미학적 행위'로 표현하기보다는, 서술자가 무엇으로부터 서술의 원천과 당위성을 부여받으며, 그는 무엇인가라는 질문을 제기한다. 그리고 기호학적－논리적 규칙성에 근거한 생성의미론적 관점에서 답변을 시도하며, 그 효과를 밝히고자 하였다. 이러한 논리의 결과로, 서술자를 우리가 슈탄첼의 이론에서 살펴보았듯이 "일인칭 서술자", "삼인칭 서술자" 또는 "전지적 서술자" 등으로 현상적으로 분류하며 서술자의 다양한 형태의 등장을 그의 효과적 차원에서 설명하는 것이 아니라, '의미'의 기저에 놓여 있는 '심층구조'로부터 '표면층'을 통해 나타나는 하나의 '의미 생성의 프로세스'로 설명하는 것이다.

생성적 기호학자 중의 한 사람인 그레마스Algirdas J. Greimas는 서술자라는 개념 대신에 '언술과정의 주어 Subject of Enunciation'라는 개념을 사용한다. (Greimas, 1982:103) 이 개념은 잠재적 언어구조인 랑그와 개인에 의해 구체화된 언어행위로서의 파롤 사이에서 기능하는 언어적인 중개적 심급이다. 이 중개적 심급은 변환의 장소로서 정태적인 체계인 랑그가 동적 언어행위인 파롤로 변화하는 장소이며, 이 변화과정을 주도하는 심급이 바로 언술과정의 주어이다. 그러나 이때 주의할 것은, 이 주어는 구체적인 대화를 나누는 '나'와 '너'와 같은 존재론적인 주어도 아니며 또한 실제로 존재하는 개체로서의 주어가 아니라 언어가 구체적인 언술로 발화되는 그 사이에 존재하는 일종의 '기호학적인 단위'이다. 이러한 가설과 전제가 중요한 것은, 이로 인해 어떤 텍스트를 분석할 때 텍스트 외부에 존재하는, 그래서 의식적인 의도를 가지고 텍스트를 '써 내려가는' 선험적인 주체나 서술자를 설정하지 않아도 분석이 이론적으로 가능할 수 있기 때문이다.

그렇다면 텍스트의 표면에 나타나지 않는 '중개적 심급'으로서의 '언술과정의 주어'는 어떻게 확인될 수 있으며 그리고 이 주어는 어떤 과정을 거쳐 생성되는가?

"나는 내일 그 곳에서 책을 읽겠다."라는 문장을 예로서 설명해 보자. 문장의 주어, 즉 발화된 언술의 주어는 '나'이다. 그러나 이 '나'는 내일 실현될 '나'로서 아직은 존재하지 않는 '내일'과 '그 곳'에서 책을 읽게 될 '나'이다. 그렇다면 '지금' 그리고 '이 곳'에서 이 언술을 발화하는 자는 누군가라는 질문이 대두되며, 바로 이 질문이 보이지 않는 언술과정의 주어로 우리를 인도한다. 이 언술과정의 주어는 인성적 개체로서 존재하는 주어가 아니라 항상 그리고 어디서나 내재되어 있고 결코 텍스트의 표면에 떠오르지 않는 언어학적이며 기호학적인 단위이다. 우리는 그의 존재를 의미적 체계로서 발화된 모든 문장 앞에 ("나는 다음을 서술한다....")라고 괄호 속에 넣어 상상할 수 있다. 이 주어는 아래 '소설의 중층구조' 부분에서 설명하는 〈기호학적 의미생성 행로〉에서 볼 수 있듯이 '기호－서술적 구조'의 표층에 위치하고 있다. 담론층에 나타난 상이한 인칭의 주어('나', '당신', '그 사람', '우리' 등)들은 '언술 진행상태의 주어'로부터 분리 파생된 형태로서 '언술의 주어'이다.[4)]

이처럼 서술자의 탈인성화의 역사는 '서술문법'에서는 언어의 규칙을, 역사적 담론이론에서는 담론의 주체형성과정을 강조한다. 서술자를 언어학적이며 기호학적인 단위로서 바라보는 관점 이외에도 프랑스의 인류문화학자인 미셸 푸코로 대변되는 역사적 담론분석이론에서 주장하는 주체에 관한 이론도 서술자 문제에 많은 시사점을 제공하고 있다. 이 내용은 나중에 '작품의 시대적 역사성을 어떻게 획득할 수 있는가?' 부분에서 설명되기 때문에 여기서는 생략한다.

우리는 위의 논의에서 서술자에 관한 모든 이론 뒤에는 '개체'와 '주체'에 관한 이해가 감추어져 있음을 알 수 있으며, '서술문법'이나 후기구조주의적인 이론도 예외는 아닐 것이다. 언어규칙적이고 어떤 면에서는 실험적이라고 할 수 있으며 방법론적으로는 정당한 이론일지라도, 소설은 새로운 조건 아래에서도 전과 다름없이 "인간"의 문제, "인물"의 문제, 서술자의 문제를 다루고 있다는 것을 부인할 수 없다. 다른 말로 표현하여, 모든 서술자와 그리고 그를 묘사하는 모든 서술이론은 개체와 주체에 관한 역사적 이해를 대변한다고 할 수 있다. 전통적인 서술이론에서는 선험적이며 주체적인 서술자를 강조하고 후기구조주의에서는 서술자의 구성조건을 강조하는 것은 항상 서술자 이해에 관한 역사를 가리키는 것이다. 이를 통해 우리는 서술자 자질에 관한 역사적 주변 조건을 고려하지 않고 서술자에 관한 체계적 자질만을 보는 방법은 소설 해석에 도움을 주지 못한다는 것을 알 수 있다. 우리는 예컨대 서술자 현상을 설명할 때 확인할 수 있는 슈탄첼 개념의 유용성과 동시에 이 개념의 불충분한 취약점을 구분해야 할 것이다.

●심화 질문

신경숙의 『엄마를 부탁해』를 서술자의 '탈인성화' 관점에서 논의해 보자.

신경숙의 『엄마를 부탁해』는 아들 집을 방문하기 위해 시골에서 서울에 왔다가 지하철 역에서 실종된 엄마를 찾는 줄거리이며, 이 소설은 에필로그를 포함하여 전체 5장으로 구성되어 있다. 이 작품은 1장에서는 큰딸이 "너"로, 2장에서는 그녀의 오빠가 "그"로, 3장에서는 아버지가 "당신"으로, 4장에서는 죽은 엄마가 "나"로, 마지막 에필로그에서는 이탈리아를 여행하고 있는 딸이 다시 "너"로 등장하는 서술자 형태를 취하고 있다.

다양한 서술주어가 등장하는 이 작품에서는 누가 서술자인가라는 문제가 제기된다. 즉 '너', '그', '당신', '나' 중에서 누가 서술하는가? 논리적으로는 '너', '그' '당신' '나'라고 말할 수 있는 사람은 엄마이다. 그러나 그것은 불가능하다. 엄마는 이미 실종되었고 죽었기 때문이다. 죽은 엄마가 유령이 되어 서술을 할 수는 없다. 그렇다면 다음으로는 작가를 상상해 볼 수 있다. 그러나 그것도 불가능하다. 역사적인 실제 현실에서 존재하는 작가가 허구 세계인 소설의 세계로 들어갈 수 없기 때문이다. 그렇다고 『엄마를 부탁해』를 '너', '그', '당신', '나'라고 지칭되는 각각 다른 네 명의 서술자가 서술한 모음집이라고 주장하기에는 작품은 내용과 줄거리의 진행에서 일관된 동질성을 갖고 있다. 그렇지만 '너', '그', '당신', '나' 모두를 동시에 나타낼 수 있는 그런 서술자는 없다. 그렇다면 이 소설에서는 도대체 누가 서술을 하고 있으며, 독자는 어떤 서술자와 마주하는가?

이런 유형의 서술자는 슈탄첼의 관점에서 이해된 전형적 유형원으로는 설명 되지 않는다. 우리는 이러한 서술자 현상을 아래 X)장에서 자세히 설명할 담론이론의[5] 관점에서 언술과정의 주어가 다양한 담론의 주체로 분배되어 구축되는 것으로 이해할 수 있으며, 독자도 변화하는 담론의 주체와 함께 움직인다고 생각할 수 있다. 이때 중요한 것은 '너'에서 '그'로, '그'에서 '당신'으로, '당신'에서 '나'로 변화하는 담론주체의 전환이 어떻게 일어나며, 이러한 담론을 행사하는 언술의 주어가 구축되기 위하여 필요한 텍스트 조건이 무엇인가라는 점이며, 독자는 이 과정을 어떻게 함께 따라가는가라는 문제일 것이다.

이 작품에서 '너', '그', '당신', '나'의 자리는 딸, 오빠 또는 남편에 의해 채워져 있지만 동시에 담론적으로는 비어 있고 임의의 주어에 의해 채워질 수 있다. 그 빈자리에 들어가 그 자리를 채우며 그 자리에서 주어로 구축되기 위한 담론적 조건은 무엇인가? 이렇게 상이한 언술의 주어를 담론의 주체로 만들어 주며, 작품을 의미있는 담론으로 만들어 주는 것은 바로 '가족주의' 담론이다. 이 가족주의 담론 속에서 '너'는 큰딸로, '그'는 오빠로, '당신'은 남편으로, '나'는 실종된 엄마로 분산되고 다양한 주체로 구축될 수 있으며, 동시에 가족주의 담론으로 통합될 수 있다. 독자는 이 가족주의 담론 내에서 필요에 따라 '너', '그', '당신', '나'로 분산하고 변신하여 작품을 읽을 수 있으며, 동시에 비어있는 가족주의 담론의 주체로 구축될 수 있는 것이다. 이렇게 될 때 가족주의를 화두로 삼은 작품의 의도가 효과적으로 반영될 수 있다. 이런 관점에서 이 소설의 첫 문장 "엄마를 잃어버린지 일주일째다"는 매우 시사적이고 중요하다. 소설의 시작 부분에서 아무런 예고없이 툭 던져지는 문장이지만 이를 통해 가족주의 담론이 구축된다. 이 소설이 의미를 가지게 되는 이 첫 문장이 없다면 '나', '너', '그'로 분산되는 언술주어의 담론은 어려울 것이며, 따라서 이 소설도 불가능할 것이다. (신경숙, 2008:285－291)

Ⅳ. 어떻게 말하는가?

서술자 보고와 등장인물 서술체

1. 서술자 보고

주요 개념과 내용
· 개략적 서술자 보고
· 현장 묘사적 서술자 보고
· 보고의 시간성과 무시간성

서술문체란 서술문이나 소설에서 쓰여진 문체의 형태와 그의 유형적이며 형식적인 특징과 효과를 설명할 때 사용하는 개념이다. 소설의 서술문체는 크게 두 가지 유형으로 구분된다. 첫 번째 유형은 서술자가 줄거리의 진행이나 사건의 전개에 관하여 설명하고 서술하는 형태이다. 즉 사건이 스스로 진행되거나 등장인물이 스스로 말하는 것이 아니라 서술자에 의해 중개되는 서술형태이다. 이것을 우리는 서술자 보고라고 부르자. 서술자 보고는 다시 줄거리의 전개를 개략적으로 서술하는 개략적 서술

자 보고형식과 사건이 일어나는 현장을 서술하는 현장 묘사적 서술자 보고가 있다. 이런 서술 형태는 시간성을 내포하고 있다. 예컨대 '그녀는 밤차로 출발하여 다음날 아침에 바닷가에 도착했다'와 같은 표현은 사건의 전개를 개략적으로 설명하고 있으며, "국경의 긴 터널을 빠져나오자, 눈의 고향이었다. 밤의 밑바닥이 하얘졌다. 신호소에 기차가 멈춰섰다."(가와바타 야스나리, 2002:7)는 표현은 사건이 일어나는 현장을 기술하고 있다. 이런 표현 속에는 시간성이 내포되어 있다.

다른 한편으론 묘사나 설명으로서 시간성이 없는 보고도 있다. 예를 들어 풍경을 묘사하는 내용이나 어떤 개념을 설명하는 부분에서는 설명된 내용 속에 시간성이 존재하지 않는다. 다음에 인용된 이청준의 『씌어지지 않은 자서전』의 시작부분이 이런 예가 될 것이다.

"(....) 다방 세느 부근에서는 쑥스럽지 않은 일이 거의 없다. 거리의 풍경이나 사람들의 거동이나 다방 안의 대화나 일대에 진을 친 하숙가의 풍속이나 쑥스럽지 않은 일이 한 가지도 없다. 그것은 아마 이 나라에서, 아니 세계에서도 유수한 맘모스 여자 대학교 건물이 뒷산 쪽에서 높다랗게 이 동네를 압도하고 서 있는 데다, 거리는 온통 그 여자 대학교에서 쏟아져 나오는 학생들에게 빈틈없이 점령당해 버리고 있기 때문일 것이다.(....)" (이청준,

2001:11)

서술자 보고의 다양한 형태를 알아보기 위해 아래의 텍스트를 살펴보자.

"(....) "다음이 뭐야. 다음이... 뭐야"

"그래, 대체 다음이 뭐지. 그게 문제구나, 우리 귀엽고 소중한 아가씨야!"

황금사자 머리가 새겨진 소파에 앉은 시어머니 옆에 부덴브로크 영사 부인이 앉아 있었다. 흰 래커칠을 한 네모난 소파의 덮개는 노란색이었다. 그녀는 옆의 안락 의자에 앉아 있는 남편을 쳐다보고 나서 창가 할아버지의 무릎에 앉아 있는 어린 딸을 도와주러 왔다.

"토니!" 영사 부인이 말했다. "저는 믿습니다. 하느님께서 저를..."

이제 여덟 살 난 연약하게 생긴 딸 아이 안토니는 알록달록한 아주 가벼운 명주옷을 입고 있었다. 그녀는 귀여운 금발을 할아버지의 얼굴에서 살짝 떼고는 회청색 눈으로 진지한 표정을 지으며 곰곰이 생각에 잠겨 방안을 골똘히 응시하고 있었다. 그녀는 또 한번 같은 말을 되풀이했다. "다음이 뭐야?" 그리고 나서 천천히 다음과 같이 덧붙였다. "저는 믿습니다. 하느님께서 저를..." 그러다가 그녀의 얼굴이 갑자기 환해지면서 이렇게 덧붙였다. "모든 피조물과 함께 창조하셨음을" 이로써 마치 그녀의 말이 미끄러운 길에 들어선 듯 터져나왔다. 이제는 기쁨에 빛나는 얼굴로 교리문답서의 모든 항목을 정확하게 술술 외워나갔다. 이 교리문답서는 1835년에 고귀하고 현명한 시의회의 인증을 받아 새로 수정되어 나왔던 것이다. 일단 시작만 되면 이것은 겨울에 오빠들과 함께 예루살렘 언덕을 자그마한 썰매를 타고 내려가는 것과 같으며, 그렇게 되면 생각이 술술 터져 나와 아무리 멈추려고 해도 멈출 수 없게 되는 거라고 토니는 생각했다.(....)" (만, 2001:9－11)

이 텍스트는 토마스 만의 작품『부덴브로크가의 사람들』의 첫부분이다. 이 텍스트는 다양한 형태의 서술자 보고와 등장인물 서술체로 이루어져 있다. 도입부분에는 직접대화체가 사용되며 이후 등장인물들이 있는 거실을 묘사하는 서술자 보고가 뒤따른다. 이후 다시 등장인물들의 직접대화체가 등장하며 교리문답서에 관한 내용이 끝나는 부분에서는 토니의 생각을 전하는 전지적 서술자의 목소리가 들려옴을 확인할 수 있다.

서술자 보고에 대한 설명은 이미 많은 부분이 위에서 서술자와 관련하여 설명되었기 때문에 이제 다음 내용, 즉 등장인물 서술체로 넘어가도록 하자.

2. 등장인물 서술체

주요 개념과 내용
· 직접화법
· 간접화법
· 체험화법
· 내적 독백
· 의식의 흐름 기법

서술문체의 두 번째 유형은 등장인물들의 서술체이다. 이 형태에서는 등장인물들이 직접 또는 간접적으로 자신이나 다른 사람의 생각과 행동을 전달한다. 등장인물 서술체는 직접화법, 간접화법, 체험화법, 내적 독백 및 의식의 흐름 기법 등으로 세분화된다.

2.1 직접화법, 간접화법

직접화법은 “나는 가야 하는가?”처럼 말 그대로 등장인물들이 직접적으로 나누는 대화형태이다. 간접화법은 “그녀는 스스로에게 가야하는지를 물었다”와 같은 형식이다. 여기서는 그녀가 가야하는지를 직접적으로 묻지 않고 간접적으로 묻고 있다. 이런 대화체는 문법적으로 구분되는 표현으로서 그 대화방법이 분명하기 때문에 부언설명이 필요 없을 것이다.

2.2 체험화법

등장인물의 서술체 중에서 독특한 형태로서 체험화법을 들 수 있다. 체험화법은 중요한 서술문체 중의 하나이다. 체험화법은 생각, 성찰, 표현되지 않은 질문이나 의구심, 내면적 감정, 불확실성을 나타낼 때 많이 사용되는 문체이다. 등장인물이 느끼는 불확실성과 그의 주관성이 직접적으로 표현되지만 서술된다는 흔적이 남아 있는 그런 서술체이다. 이런 화법을 대할 때 독자는 말하는 사람의 생각 속으로 들어가서 그 사람이 가진 생각과 느끼는 회의, 의문 등을 알게 되는 '체험적' 효과를 얻게 된다.

"그녀는 갔어야 했을까?"의 표현에서 누가 어떻게 말하고 있는가를 살펴보자. 이 문장에서 가야할지를 고민하는 불확실한 상태에 있는 사람은 '그녀'이다. 그러나 그녀가 문장의 주어이지만 이 문장을 발화하는 서술자는 아니다. 그녀는 오히려 서술된 문장의 대상이 되어 있음을 알 수 있다. 체험화법의 인물은 느끼는 주체와 서술된 객체가 동일한 인물이지만 서술하는 사람은 다른 경우이다. 화법의 형식은 서술자가 말하지만 서술자의 시점과 관점에서 말하는 것이 아니라 등장인물의 생각, 질문, 의구심, 회의, 망설임, 불확실성 등을 등장인물의 관점에서 표현하는 문체이다. 문법적 특성은 3인칭 과거형으로 서술되며, 느끼는 주체와 발화하는 주어가 다른 문체를 말한다.

이런 화법을 통하여 등장인물의 관점에서 의구심, 느낌, 불확실성 등이 표현되며, 따라서 독자도 등장인물과 함께 체험하며 불확실성과 의구심에 동참하는 동일시 효과를 갖게 된다. 다음 텍스트를 체험화법의 관점에서 살펴보자.

"(....) 며칠 후 모든 신문이 탄원서에 대해 떠들어댔다. (...) 물론 이는 예상했던 일이었다. 공산당이 주최하지 않은 모든 공개적 행동은 불법으로 간주되었고 이에 가담한 자는 위험에 처했다. 누구나 아는 사실이었다. 아마 그렇기에 토마스는 탄원서에 서명하지 않은 것에 대해 한층 자책했을 것이다. 도대체 왜 서명하지 않았을까? 스스로도 그런 결심을 하게 된 동기를 더 이상 이해할 수 없었다.(...) 그는 다시 생각에 잠겼다. 무엇을 했어야만 했을까? 감정에 속하는 모든 것을 배제한다 해도 제시된 문서에 서명을 했어야 했는지 아닌지를 그는 여전히 알 수 없다. (...) 그렇다면 그는 무엇을 했어야만 했을까? 서명했어야 했는가 말아야 했는가? 이 문제를 다른 식으로 표현할 수 있을 것이다.(....)" (쿤데라, 1999:254–256)

위의 텍스트는 밀란 쿤데라의 작품『참을 수 없는 존재의 가벼움』의 한 부분으로서 주인공이 탄원서에 서명하지 않은 후 그의 심정을 묘사한 부분이다. '도대체 왜 서명하지 않았을까?', '무엇을 했어야만 했을까?', '서명했어야 했는가 말아야 했는가?' 등의 질문을 통해 주인공,

즉 주인공인 토마스의 불확실성, 의구심, 질문 등이 표현되고 있지만 그가 말하는 것이 아니라 서술자에 의해 서술되고 있다. 이때 독자도 이 질문을 간접적으로 받게 되는, 그래서 질문 속으로 끌려들어가는 체험 효과를 느낀다.

● 심화 텍스트

다음 텍스트는 밀란 쿤데라의 작품『참을 수 없는 존재의 가벼움』의 한 부분이다. 이 텍스트가 어떤 문체적 특징을 가지는지 살펴보자.

"(....) 토마스는 어떤 것도 쓰지 않고 서명도 하지 않겠다고 딱 부러지게 말하고 싶었다. 그러나 그런 마지막 순간에 말투를 바꾸었다. 그는 차분하게 말했다.

"나는 문맹이 아닙니다. 내가 왜 직접 쓰지 않은 것에 서명을 해야 합니까?"

"좋습니다. 일을 거꾸로 해볼 수도 있지요. 우선 당신이 먼저 뭔가를 쓰고 난 뒤 함께 그것을 보도록 하죠. 아무튼 지금 방금 읽어본 것이 예가 될 수 있을 거요."

토마스는 왜 경찰의 제안을 그 자리에서 단호하게 거절하지 못했을까?

그는 아주 재빨리 이런 추론을 해보았다.(....)" (쿤데라, 1999:219－220)

● 모델 답안

위 내용은 주인공 토마스가 경찰에 협조하겠다는 일종의 '비밀 충성서약서'를 강요받는 장면이며, 토마스는 시간을 벌기 위해 그 자리에서 거절하지 않는다. 위 인용은 '토마스는 왜 경찰의 제안을 그 자리에서 단호하게 거절하지 못했을까?'라는 체험화법을 통하여 당시의 상황을 반추하고 있으며, 동시에 독자로 하여금 토마스의 생각과 망설임을 체험하게 하는 효과를 불러일으킨다.

2.3 내적 독백, 의식의 흐름 기법

내적독백은 주로 일인칭 서술자가 자신의 내면세계를 알리거나 재현하기 위해 자신과 대화를 할 때 자주 사용되는 문체이다. 이때는 실제로 발화되지는 않는다는 환상을 갖게 되며 서술자가 '사라지는' 느낌을 갖기 때문에 독자는 등장인물과 동일화되는 현상을 느낀다.

내적 독백보다 좀 더 발전한 형태로서 우리가 의식하지 못하는 수준으로까지 침잠하는 기법으로서 의식의 흐름 기법을 들 수 있다. 즉 체험화법보다 더욱 깊게 인간의 내면세계로 진입하는 것이 의식의 흐름 기법이다. 예를 들어 체험화법은 실제로 이야기된 것보다는 상상하고 생각한 것, 즉 의식된 내용과 영역을 표현하는 서술기법이기는 하지만 무의식적인 연상, 즉 반의식적인 소원이나 심리적 변화를 나타내기에는 부족함이 있다. 그러나 "의식의 흐름 기법"을 통해 등장인물의 내면세계로 깊게 침잠할 수 있는 서술적 가능성이 제시되었다. 이 기법에서는 발화된 언술을 재현하는 것이 아니라 중단되지 않고 '흐르는' 의식과 무의식의 상태를 재현한다. '의식의 흐름' 기법의 목적은 반의식 또는 무의식적인 내용을 가능한 한 의식의 수준으로 끌어올려 드러내는 것이다. 따라서 의식의 흐름 기법은 의식과 무의식의 중간적 상태에서 이루어지는 서술기법을 말한다. 우리도 간혹 의식의 수준 보다 더 깊은 곳에서 일어나는 어떤 생각을 할 수 있으며, 이 기법은 바로 이런 상태를 표현하기 위해 개발된 서술기법이다.

다음의 텍스트를 살펴보자.

"(....) 같은 식탁에 함께 앉아 있던 애들이 일어섰다. 그도 따라 일어서서 그들과 섞여 줄을 지어 빠져나갔다. 그는 결심을 해야 했다. 문간이 가까워지고 있군. 만약 애들과 함께 나간다면 교장실에 가기란 불가능해질 거야. 그런 일로 운동장을 떠날 수는 없어. 교장실을 찾아가고도 여전히 매를 맞는다면 애들은 저 어린 디덜러스란 놈은 교장을 찾아가서 학감의 소행을 일러바친 놈이라며 조롱할 것이 아닌가.

그는 매트를 따라 걸어가면서 앞에 다가오는 문을 보았다. 불가능했다. 할 수 없었다. 그는 대머리 학감이 잔인하고도 빛을 잃은 그 눈으로 자기를 노려보던 것을 생각했다. 또 네 이름이 무어냐고 두 번씩이나 묻던 학감의 목소리가 그의 귀에 쟁쟁 울렸다. 왜 처음 말했을 때 그 이름을 기억하지 못했을까. 처음에는 귀를 기울이고 있지 않았던 것일까. 아니면 그저 그 이름을 우롱하고 있었던 것일까? 역사에 나오는 위대한 사람들이 모두 그런 이름들을 갖고 있었지만 아무도 그 이름을 두고 조롱하지 않았는데 조롱하려거든 자기 이름이나 조롱할 것이지. 돌란이라고? 남의 집 빨래나 해주고 사는 여인의 이름같군.

문에 이르자 그는 재빨리 오른쪽으로 돌아서서 계단을 올라갔다. 포기하고 돌아설까 마음을 고쳐먹기도 전에 그는 이미 성으로 통하는 그 낮고 어둡고 좁은 복도에 와 있었다.(....)" (조이스, 2006:85)

위의 텍스트는 제임스 조이스의 작품『젊은 예술가의 초상』의 한 부분으로서 신부 돌란 학감으로부터 부당한 체벌을 받은 주인공이 식탁에서 일어나 문을 향해 걸어나가는 짧은 시간 동안에 교장선생님을 찾아가야 할지 말지를 고민하는 부분이다. 이 부분은 조이스가 그의 대표작품인『율리시즈』에서 보여주듯이 완벽한 '무의식의 흐름' 기법을 구사하지는 못하지만 걸어가는 잠깐 동안에 주인공의 뇌리 속에서 일어나지만 거의 의식되지 않은 채 빠르게 진행되는 의식을 흐름을 '의식의 흐름 기법'을 통해 묘사하고 있다.

● 심화 텍스트

다음의 텍스트에서 의식의 흐름 기법의 특징을 살펴보자.

"(....) 구두가 너무 빡빡한가? 아니야. 그녀는 절름발이다! 오!

블룸 씨는 절면서 걸어가는 그녀의 모습을 자세히 쳐다보았다. 불쌍한 소녀 같으니! 그 때문에 그녀 혼자 바위 턱에 남고 모두들 단거리 경주로 달려간 거로군. 그녀의 외모로 미루어 보아 뭔가 잘못된 것이 있다고 생각했더라니. 버림받은 미녀. 한 가지 결점이 여자에게는 열 배의 해가 되지. 그러나 그들을 겸손하게 하는 거다. 그녀가 그것을 노출시키고 있었을 때 내가 그것을 몰라봤으니 다행한 일이군. 그런데도 꽤 정열적인 아가씨지. 내가 상관할 게 뭐람. 수녀라든지 흑인 소녀 또는 안경을 낀 소녀 같은 호기심. 저 사팔뜨기 처녀는 참 다감하지. 월경이 가까워서. 그 때문에 불안해하고 있는 것 같아. 오늘은 이렇게 두통이 심하니. 편지를 어디다 넣어 두었더라? 그래, 됐어. 온갖 종류의 미칠 듯한 그리움들. 페니짜리 동전을 핥는 것이라든지. 트란퀼라 수녀원에는 석유 냄새를 맡기 좋아하는 소녀가 있다고 저 수녀가 내게 일러주었지. 처녀로 있으면 결국에 가서는 미쳐 버리는 것 같아. 수녀라? 더블린에서 오늘 그것을 하고 있는 여인이 몇 명이나 될까?(.....)"
(조이스, 1988:427 이하)

● **모델 답안**

위의 텍스트는 제임스 조이스의 『율리시즈』의 13장 〈센디마운츠 해변〉의 한 부분이다. 거티 멕도웰이라는 아가씨가 블롬이 자기를 엿보고 있는 것을 눈치 채고 속옷을 드러냄으로써 그의 시선을 끈다. 블룸이 그녀를 바라보며 자위행위를 한 후 자리를 옮기는 그녀의 뒷모습을 보며 생각하는 부분이다. 이 생각은 이후에도 오랫동안 계속된다. 주인공 블룸의 생각이 의식의 차원에서 이성적으로 논리적으로 정리되는 것이 아니라 거의 의식하지 못할 정도의 빠른 속도로 스쳐 지나가는 부분이다. 의식적 흐름 기법이 잘 표현된 작품이다.

우리는 위의 설명에서 서술문체가 직접대화체에서 체험화법을 거쳐 의식의 흐름 기법으로, 의식에서 무의식 상태로 침잠하는 것을 살펴보았다. 이 의식의 흐름 기법도 프로이트(1856－1939)의 『꿈의 해석』(1899) 이론 이후에 더욱 발전할 수 있었으며, 서술문체도 인간에 대한 인문과학의 발전과 함께 끊임없이 발전하고 있음을 알 수 있다. 서술의 문체는 단지 문체의 차원만이 아닌 인식의 도구로서 인간의식에 대한 보다 폭 넓은 이해와 함께 인간의 정신적 상태를 점점 더 깊이 침잠하여 서술하려는 노력의 일환으로 볼 수 있다.

V. 시간은 어떻게 구성되는가?

시간구조

주요 개념과 내용
· 서술시간과 서술된 시간
└→ 동시적 서술 └→ 확장적 서술 └→ 축약적 서술: 점진적, 반복적, 축약법
· 회상: 구성적 회상, 해설적, 삽입적 회상
· 예시: 확정적 예시, 비확정적 예시

1. 서술시간과 서술된 시간

우리는 위에서 소설이 형상화되는 구체적 과정이 줄거리의 소재가 시간－공간－인물 및 의미를 지닌 가치의 구조로 배치되는, 즉 인과성의 법칙으로 전환되는 것임을 알았다. 이런 줄거리의 배치와 전환이 시간과는 무슨 관계가 있을까? 시간에 관해서는 물리학에서 다룰 일이지 소설에서 시간이 무슨 역할을 할까라고 반문하는 독자들도 있을 것이다. 우리는 소설에서 시간의 문제를 다루기 위해 아인슈타인의 '상대성 이론'을 알아야 할 필요는 없다. 하지만 소설과 소설의 '의미'를 구성하는 요소 중에는 '시간'도 소재로서 중요한 역할을 한다는 것을 곧 알게 될 것이다. 사랑하는 연인과 함께 있을 때 그 시간은 쏜살같이 빠르게 지나간다. 그러나 빚쟁이와 함께 있을 때는 그 시간이 무척 더디게 지나가는 것을 느낄 수 있다. 예를 들어 찰나의 순간에 일어난 어떤 사건이 인생에 있어 중요한 전환점이 될 수 있으며, 이 순간을 소설을 구성하는 주제나 요소로 만들 수 있다. 독문학자 렘머르트는 시간을 소설의 중요한 구성요소로 파악하고 이것을 소설 이론으로 발전시켰다. (Lämmert, 1955)

소설에는 두 종류의 시간단위가 있으며, 이 두 가지의 시간이 서로 어떤 형태의 관계를 가지는가에 따라 세 가지의 현상으로 분류된다. 시간의 구성이 소설에서 매우 중요한 구성요소가 될 수 있는 간단한 예를 들어보자.

"철수와 순이가 헤어진 지 10년이 지난 어느 날이었다."

위의 문장을 유심히 살펴볼 때 두 가지의 시간을 확인할 수 있다. 첫째는 "철수와 순이가 헤어진 지 10년이 지난 어느 날이었다."라는 문장을 읽거나 쓰기 위해 소요되는 시간이 있으며, 둘째는 이 문장 속에 내포되어 서술된 시간이 있다. 첫 번째 시간은 텍스트 외적인 물리적 시간으로서 읽거나 쓰기 위하여 약 10초 정도가 소요되는 시간이다. 우리는 이런 시간을 '서술시간'이라고 표현한다. '서술시간'은 어떤 표현을 하기 위해 소요되는 시간이다. 500쪽으로 구성된 장편소설이 있다면 이 작품의 '서술시간'은 500쪽이 표현되기 위해 소요되는 시간일 것이다. 그러나 예문에는 또 다른 시간이 있다. 이것은 문장 내에서 표현된 텍스트 내적인 시간으로서 그 시간의 길이는 10년이다. 왜냐하면 이 문장 속에 함축되어 서술된 시간은 지나간 10년이기 때문이다. 우리는 이 시간을 '서술된 시간'이라고 표현한다. '서술된 시간'은 작품의 줄거리의 시간이다. 500쪽의 장편소설에서 서술시간은 500쪽이지만 서술된 시간은 하루에 일어난 일일 수도 있고 100년이 소요되는 줄거리일 수도 있다.

위의 두 가지 시간이 서로 어떤 관계를 가지는가에 따라 소설에서의 시간 개념은 '동시적 서술', '확장적 서술' 그리고 '축약적 서술'로 분류된다. 축약적 서술은 다시 점진적, 반복적, 지속적 서술로 세분화될 수 있다. (Vogt, 1979:40쪽 이하)

2. 동시적 서술, 확장적 서술, 축약적 서술

동시적 서술은 서술시간과 서술된 시간이 거의 일치하는 경우이다. 이의 대표적 경우가 등장인물들이 나누는 직접대화이다. 왜냐하면 직접대화에서는 표현하는 시간과 이 시간 속에 표현된 내용이 동시적으로 이루어지기 때문이다. 사랑하는 연인이 만나 남자가 여자를 향해 '나는 당신을 사랑합니다'라고 말하면 이 문장을 서술하는 시간과 이 말이 함의하는 시간이 동일하다. 이런 동시적 서술은 라디오 중계방송에서도 확인할 수 있다. 왜냐하면 어떤 운동경기가 벌어지는 시간과 거의 동시적으로 방송이 중계되고 있기 때문이다.

확장적 서술은 서술되어야 할 사건을 시간적으로 늘리고 '확장'하여 서술하는 방법으로서 서술된 시간보다 서술시간이 더 긴 시간을 말한다. 예를 들어 우리는 찰나적인 순간에 일어난 일을 '영원'처럼 길게, 아주 긴 시간이 지난 것 같은 생각을 가질 때가 있다. 중요한 일을 앞두거나 보고 싶은 연인을 초조하게 기다리는 시간이 이런 때일 것이다.[6] 이럴 때 확장적 서술방법이 자주 사용된다. 이인화의 『영원한 제국』에서 다루어진 사건은 하루에 일어난 일을 소설 한 권에서 이야기하고 있으며, 프루스트는 『잃어버린 시간을 찾아서』의 1편인 〈스완네 집 쪽으로〉에서 무시간적인 서술을 시도한다.

시간을 가공하는 기법 중에서도 특히 '확장된 서술' 방법이 많이 발전하였음을 알 수 있다. 이 기법은 서술기법 그 자체로서도 의미가 있겠지만 더 중요한 것은 이러한 기법이 물리적이고 자연적인 시간의 흐름을 멈추고 시간을 거슬러 서술하려는 인간의 노력의 결과라는 점이다. 이것은 인간의 복잡한 내면 심리를 더욱 자세히 서술하고자 하며, 인간이란 무엇인가에 대한 질문에 더 가까이 가려는 서술적 노력이다. 확장적 서술이 문체와 결합할 때 우리는 위에서 살펴본 의식의 흐름 기법과 일맥상통하는 것을 알 수 있다. 이 노력에는 '덧없이 흐르는' 시간을 묶어두려는 인간의 욕망도 함께 작용한다.

축약적 서술은 확장적 서술과 반대되는 개념으로 서술할 사건을 시간적으로 축약하여 서술하는 방법을 말한다. 예를 들어 어떤 사건이 10년 동안 진행되었지만 우리는 이 사건을 한 쪽 분량으로, 극단적인 경우에는 한 문장으로 표현할 수 있다. 우리는 텔레비전 드라마에서 처음에는 아역배우가 등장했다가 "10년 후"라는 자막이 나온 후에 성인 주인공이 등장하는 경우를 자주 본다. 서술시간은 '10년 후'라는 자막으로 처리되는 짧은 시간이지만 이 속에 표현된 시간은 무려 10년이기 때문이다. 일어난 사건을 축약하여 표현한 방법 중의 하나가 바로 축약적 서술이다.

축약적 표현은 다시 '점진적' 또는 '반복적' 방법으로 세분화될 수 있다. '점진적' 방법은 '만났다, 사랑했다 그리고 헤어졌다' 등으로 어떤 사건의 점진적 흐름을 접속사를 이용하여 설명하는 표현법이다. '반복적' 표현은 시간의 흐름과 함께 회귀하는 표현을 통해 시간의 흐름을 축약적으로 서술하는 방법이다. 예를 들어 '꽃이 피고 봄이 왔다. 농부는 농사짓고, 어부는 고기를 잡는다' 등으로 표현할 때 나타나는 자연의 반복과 이 반복을 통해 일어나는 행위의 반복을 통해 시간의 흐름을 나타내는 서술방법이다.

다음의 텍스트는 김훈의『남한산성』의 일부분이다. 텍스트를 보며 점진적 축약방법을 살펴보자.

"(....) 서날쇠는 또 말했다. 남쪽에는 눈이 녹아서 개울물이 불었고 산수유 꽃망울이 맺혀서 산들이 구름처럼 부풀었으며, 청병이 들어오지 않는 오지 마을들은 비탈 논에 쥐불을 놓고 두엄을 실어냈고 두 살배기 어린 소를 빈 논으로 끌고 나와 매질을 해서 농사일을 가르쳤다. 영동 구름재 아랫마을에서는 술도가 집 아들과 심마니 딸이 산비탈 돌부처 앞에서 혼례식을 올렸고, 그 윗동네에서는 화전에 수수를 심은 노인이 죽었는데 산이 가팔라서 상여가 올라가지 못해 노인은 살던 너와집 앞마당에 묻혔다.

"전라감사가 문서를 전하지는 않더냐?"

"문서는 없었사옵고... 청의 기병이 들을 가로 막아 뚫고 나갈 길을 찾고 있다고 전하라 하였사옵니다."

김상헌이 서날쇠의 두 손을 잡았다.(....)" (김훈, 2006:318–319)

위의 텍스트에서 서술자는 국운을 좌우하는 역사적 사건의 소용돌이 속에서도 자연의 시간과 일반 백성들의 삶은 변함없이 계속되고 있다는 것을 보여주기 위해서 서날쇠의 보고 중간에 눈이 녹고, 농사일을 하며, 혼례식과 장례와 같은 반복되는 일상사를 서술함으로써 시간의 흐름을 축약적으로 표현하고 있다.

3. 회상과 예시

이외에도 시간과 관련하여 나타나는 관점이 있다. 줄거리의 어떤 시점에서 그 이전에 있었던 과거를 돌아볼 때는 '회상'이라고 하며, 어떤 시점에서 미래에 나타날 일이나 사건을 미리 말할 경우에는 '예시'라고 한다.

회상은 다시 '구성적 회상', '해설적 회상'과 '삽입적 회상'으로 구분된다. 예를 들어 30대의 주인공이 유년기의 자신을 되돌아 볼 때 또는 영화 〈타이타닉〉에서 첫 장면에 등장하는 나이든 노인이 과거를 회상하면서 시작하는 장면 등을 '구성적 회상'이라고 한다. 왜냐하면 이런 회상을 통하여 현재의 모습이나 사건을 설명할 수 있는 계기가 마련되기 때문이다.

'해설적 회상'은 현재의 어떤 사건이나 상황을 설명하는 경우에 많이 사용된다. 예를 들어 '탐정소설'에서 살인사건을 설명하기 위하여 그 사건이 일어난 과거로 돌아갈 때 이런 회상이 나타난다. 탐정소설은 항상 현재에서 사건이 일어난 과거로 돌아간다. 왜냐하면 그 사건의 현재인 과거로 돌아갔을 때 사건은 해결되고 작품은 끝나기 때문이다. '삽입적 회상'은 어떤 사건을 해설하거나 등장인물의 특정한 부분을 설명하고자 할 때 자주 사용되는 표현법이다.

예시는 현재의 시점에서 미래에 일어날 일을 미리 말할 때를 일컫는다. 이 예시는 다시 확정적 예시와 비확정적 예시로 세분화 될 수 있다. 서술자가 어떤 시점에서 이제 갓 만난 두 남녀의 미래를 내다보며 '두 사람은 과연 행복한 결혼으로 나아갈 수 있을까?'라고 말하는 예시는 비확정적인 예인데 비하여, '두 사람은 우여곡절을 겪지만 끝내는 행복한 결혼에 이를 것이다'라고 표현할 때는 매우 확률이 높은 예시, 즉 확정적 예시임을 알 수 있다. 이 경우 독자는 좀 더 안정된 마음으로 사건의 줄거리를 즐길 수 있는 반면에 긴장감은 감소되는 효과를 느낄 것이다.

다음의 텍스트는 토마스 만의 『마의 산』의 시작 부분이다. 여기에서 독자는 서술자를 통하여 앞으로 독자가 어떤 사람을 만날 것인가를 미리 설명 받는다.

"(....) 우리가 한스 카스토로프의 이야기를 하려는 이유는 사람 자체 때문이 아니라 – 물론 그는 흥미로운 젊은이기는 하지만 지극히 단순한 젊은이란 사실을 독자들도 깨닫게 될 것이기에 – 이 이야기 자체가 그럴만한 가치가 있어 보이기 때문이다. (물론 이것이 그의 이야기라는 것, 그리고 이런 이야기는 누구에게나 다 타당한 것이 아니라는 점이 한스 카스토로프를 위하여 기억되어야 마땅하다.(....)" (만, 1987:12)

● 심화 텍스트

다음의 텍스트에서 서술방법의 특징을 살펴보자.

"(....) 서날쇠는 다시 남한산성을 향해 송파강을 건넜다. 아내와 쌍둥이 두 아들과 나루를 배에 태웠다. 서날쇠의 짐 보따리는 가벼웠다. 연장을 담은 바랑 한 개가 전부였다. 산성 마을로 돌아가는 백성들이 몇 명 나룻배에 타고 있었다. 성을 빠져나갔던 농사꾼들과 미장이, 심마니들이었다. 사공이 쓰러진 자리는 흔적이 없었다. 서날쇠는 서문으로 들어와 행궁 뒷담길을 따라서 대장간으로 돌아왔다. 불길이 끊긴 화덕이 썰렁했고, 오소리가 굴을 뚫었다. 서날쇠는 진흙을 이겨서 화덕 안쪽의 구멍을 막았다. 백성들이 날마다 몇 명씩 성 안으로 돌아왔다. 봄농사를 시작하기가 너무 늦지는 않았다. 서날쇠는 뒷마당 장독 속의 똥물을 밭에 뿌렸다. 똥물은 잘 익어서 말갛게 떠 있었다. 쌍둥이 아들이 장군을 날랐고, 아내와 나루가 들밥을 내 왔다. 다시 대장간으로 돌아온 날 나루는 초경을 흘렸다. 나루가 자라면 쌍둥이 아들 중에서 어느 녀석과 혼인을 시켜야 할 것인지를 생각하며 서날쇠는 혼자 웃었다.(....)" (김훈, 2006:318－319)

● 모델 답안

위 텍스트는 김훈의 『남한산성』의 일부분으로서 자연적 현상을 인용한 반복적 축약법의 특징을 갖고 있다. 농민들의 일상의 흐름, 나라의 역사의 흐름, 그리고 자연적 시간의 흐름('봄 농사를 시작하기가 너무 늦지는 않았다. 서날쇠는 뒷마당 장독 속의 똥물을 밭에 뿌렸다 (...) 똥물은 잘 익어서 말갛게 떠 있었다. 쌍둥이 아들이 장군을 날랐고, 아내와 나루가 들밥을 내 왔다. 다시 대장간으로 돌아온 날 나루는 초경을 흘렸다.')을 병렬적으로 서술함으로써 차원을 달리하는 사건들이 가진 시간의 동시성을 '반복적 축약법'을 통해 대조적으로, 따라서 더욱 효과적으로 표현하고 있다.

● 심화텍스트

독일 작가 헤벨Hebbel이 쓴 단편 『예기치 않은 재회

Unverhofftes Wiedersehen』를 시간의 개념을 염두에 두고 해석해 보자.[7]

● **모델 답안**

『예기치 않은 재회』는 크게 세 단락으로 구성되어 있으며, 그 기준은 시간을 어떻게 가공하는가라는 문제와 연결된다. 첫 째 단락은 "그가 돌아오지 않자 그녀는 목도리를 치워두고 슬프게 울었고 내내 그를 잊지 못했다."라는 부분으로서 신부와 신랑의 입맞춤과 약속 그리고 이 둘을 헤어지게 하는 죽음이 다루어지는 부분이다. 두 번째 단락은 "광부들은 지하 작업장에서 광맥을 찾아 곡괭이질을 했다."는 부분까지로 세계사적인 사건이 서술되는 부분이다. 마지막 단락에서는 신랑의 발굴에 따른 신부와의 재회와 장례식이 이루어지는 부분이다.

첫째 단락에서는 동시적 서술로서 등장인물적 서술자가 등장하며, 두 번째 단락은 축약적 부분으로서 여기에서는 17－18세기에 일어난 세계사적인 사건이 짧은 서술시간 동안에 이루어지며, 이 단락의 마지막 부분에서는 우리가 위에서 살펴본 자연에 빗댄 반복적 서술방법('그리고 농부들은 씨앗을 뿌렸고 추수를 하였다. 방앗간 주인은 가루를 찧었고 대장장이들은 망치질을 했으며 광부들은 지하 작업장에서 광맥을 찾아 곡괭이질을 했다.')을 통하여 시간이 세계사를 결정하는 '거대한' 사건의 시간으로부터 자연스럽게 일상의 삶으로 되돌아온다. 이 단락에서는 세기 전체를 조망하는 전지적 서술자가 나타남을 알 수 있으며, 마지막 세 번째 단락은 동시적 서술 방법이 두드러지게 나타난다.

단편 『예기치 않은 재회』는 시간을 소재로 사용하여 시간을 주제로 한 단편이다. 이 단편에서 이미 오래 전에 사망한 신랑은 '잠시 동안 잠이 든 젊은이'로, 살아있는 신부는 '허리가 굽은 백발의 노파'로 묘사되면서 죽음과 삶이 서로 모순된 모습으로 나타난다. 시간을 소재로 한 대단히 아름다운 단편이다.

Ⅵ. 텍스트는 어떻게 중층적으로 구성되는가?

텍스트의 중층구조와 의미의 생성

주요 개념과 내용
· 텍스트의 중층구조
· 의미의 생성

우리는 지금까지 소설을 구성하는 다양한 요소들을 살펴보았다. 소설을 하나의 건축물에 비유한다면 – 물론 소설은 의미로 만들어지고 또한 의미를 생산하는 언어로 이루어진 '건축물'이다 – 지금까지 위에서 설명한 내용들은 건축물을 짓기 위하여 필요한 철골, 시멘트, 목재 또는 물 등의 개별 재료에 비교될 수 있다. 그렇다면 '의미의 건축물'은 어떻게 지어지는가? 건축물을 만드는 것은 구성요소들의 모음만이 아니라 설계도에 따라 건축물을 짓는 매우 정치하고 복잡다기한 과정일 것이다. 특히 이것이 언어로 만들어진 '의미의 건축물'이라면 더욱 그럴 것이다.

흔히 우리는 '사고의 구조'라는 말을 사용한다. 이 말은 무형체인 우리의 생각도 어떤 구조를 가진 특정한 의미체로 조직되어 있다는 뜻을 함의하고 있다. 우리는 인간의 추상적인 사고나 인간정신의 창조물인 문학작품도 눈에 보이지 않는 지반과 지하층, 가시적으로 눈에 보이는 1층, 2층의 건축물과 같은 상하구조로 구성되어 있다는 가설에서 출발한다. 어떤 사람이 자신의 지난 과거를 회상하며 "나의 유년시절은 몹시 고생스러웠지만 행복했다"라고 말했다고 가정해 보자. 단선적으로 연결되는 평이한 문장처럼 보이지만 이 문장에도 '상하구조적인' 의미의 구성조직이 작용함을 알 수 있다. 예문의 표현을 비로소 가능하도록 만들어 주는 출발점은 유년－청년－장년－노년이라는 삶의 과정일 것이며, 이런 발언은 거울 속에서 제2의 자신을 보듯이 과거의 자신을 현재의 자신으로부터 구분하면서, 즉 회상된 나로서의 과거의 '나'와 회상하는 나로서의 현재의 '나'를 분리함으로써 가능할 수 있으며, 이러한 언어행위의 상위층에는 '고생스러웠지만 행복하였다'라고 판단하는 최종의 층이 있음을 알 수 있다. 짧은 문장이지만 이 속에는 삶의 연륜과 지식에 대한 정보가 각각 다른 '나'들이 모여 문장의 내용을 서로 구분하면서도 전거하고 '보증'하는 구조가 있음을 알 수 있다. 이처럼 우리는 짧은 일상적인 표현조차도 그리 간단히 진행되는 것이 아님을 알 수 있으며, 이러한 질문은 문장에서 단락으로, 단락에서 텍스트로, 텍스트에서 문학작품 등으로 확대될 수 있다.

우리는 소설이 어느 출발점에서 시작하여 종점을 향해 전개되는 수평적인 단선형 구조로 구성된 것이 아니라 서로 영향을 주고받으며 서로를 보증하는 수직 상하구조, 즉 눈에 보이지 않는 중층구조로 구성되어 있다는 가설에서 출발한다. 따라서 의미의 건축물로서의 소설이 중층적으로 어떻게 구조되어 있는가를 아는 것, 즉 의미의 건축물을 짓는 정치한 '의미의 설계도'를 분석할 수 있는 것은 작품의 창작과정을 이해함과 동시에 해석과정을 아는 것으로서 작품 이해에 매우 중요한 부분이다. 이러한 연구는 문학을 이해하고 해석하는 방법론을, 나아가서는 인문과학의 새로운 방법론을 제시하는 노력에 도움이 될 수 있을 것이다.

아래에서는 의미의 생성을 분석하는 '생성적 중층구조' 이론을 요약하여 설명한 후 실제 작품분석에 적용하여 분석하면서 의미의 층위가 어떻게 구분되는가를, 이런 층위를 통과하면서 의미가 어떻게 구체적으로 생성되고 의미의 건축물인 텍스트가 어떻게 중층적으로 형상화되는가를 아래에서 설명할 '기호학적 의미생성 행로'의 도표를 따라가며 살펴보도록 하자.

작품을 읽고 해독하는 독자는 작품이 창작되는 과정을 역순으로 거슬러 가면서 의미의 생성과정을 추론하고 재생성해야 한다. 독자는 작품이 의미를 가지는 최상층

부분, 즉 가장 외부에 존재하는 담론층에서 출발하여 표층을 통과한 후에 심층으로 가는 길을 역순으로 따라가면서 각 층의 특징과 그 층이 그 아래의 더 깊은 층과 어떻게 다르면서도 동시에 연결되어 있는가를 설명할 수 있을 것이다. 그러나 이러한 역순의 과정을 선택할 경우에는 설명되어야 할 내용을 전제하거나 설명할 내용을 반복해야 하는 경우가 발생한다. 따라서 본저에서는 기술적인 고려에 따라 작품의 의미가 생성되는 창작 과정을 따라가며 의미와 주제의 생성과정을 심층에서부터 시작하여 설명하도록 해보자.

1. 스토리와 플롯, 생성적 중층구조

주요 개념과 내용
· 스토리와 플롯
· 기호학적 의미생성 행로
└, 심층, 표층, 담론층 └, 통사적 요소와 의미적 요소

우리는 위에서 설명한 '소설의 장르적 특징'에서 서사문학의 장르적 특징으로서 중개성, 즉 서술자의 존재를 확인하였으며, 서술자가 중개하는 내용이 '간접적'이라는 것을 확인하였다.

중개성은 서술자가 작품을 형상화할 때 가장 중요한

출발점이라는 것을 언급한 바 있다. 중개성은 현실적 소재가 서술자를 통하여 허구적 형상물로 가공되는 공간이다.

'간접적 중개성'이라는 표현 속에는 중개가 이루어지는 최소한 두 개의 영역이 존재하며, 두 영역을 매개하는 제3의 중개자가 있다는 것을 전제한다. 그렇다면 그는 어디에서 무엇을 어떻게 중개하고 있는가? 독자의 눈앞에 펼쳐지는 작품을 누군가가 이야기하고 있다면 그는 '그 무엇으로부터' 현재의 작품을 우리에게 이야기하고 있을 것이다. 작품을 읽고 있는 독자의 눈앞에 펼쳐진 작품을 '플롯'이라고 하며, 플롯이 되기 이전의 또는 플롯에게 자료를 제공하는 '그 무엇'을 '스토리'라고 부르자.[8] 우리는 위에서 설명한 서술자를 바로 이 스토리와 플롯 사이에서 기능하는 역할자라고 보아야 할 것이다. 소설은 스토리가 플롯으로 변환하고 플롯이 구체적인 형상물로 구체화되는 의미의 중층구조로 볼 수 있다.

그렇다면 스토리와 플롯은 무엇인가? 스토리는 가공되지 않은 '순수한 사건 그 자체' 또는 서술된 이야기의 '원자재'이다. 플롯은 이 원자재가 시간-공간-인물-의미의 인과성, 즉 줄거리로 배치된 형태를 말한다. 예를 들어 스토리는 아직 가공되지 않은 투박한 통나무 원목이라고 생각할 수 있으며, 플롯은 이 원목을 가공하여 만든 책상이나 장롱과 같은 가구라고 생각할 수 있다. 책상과 장롱의 형태도 다양하게 가공되어질 수 있듯이 플롯도 다양하게 형상화될 수 있다. 동일한 스토리, 즉 원자재가 작가와 시대에 따라 다양한 방법으로 플롯화, 즉 가공될 수 있는 것이다.

'두 남녀가 사랑을 하였다. 그리고 죽었다'라는 스토리가 『로미오와 줄리엣』이라는 드라마로, 『젊은 베르테르의 슬픔』이라는 소설로 형상화되었다. 이를 통해 동일한 스토리가 각각 다르게 시간－공간－인물－의미의 인과성으로 변화되었음을 알 수 있다. 아래에서 예를 들어 스토리와 플롯을 설명하고 구분해 보자.

"여자와 남자가 살았다. 여자가 죽었다. 남자가 죽었다."

위의 표현은 스토리이다. 이것은 그 자체로는 어떤 의미도 갖지 않는 사건 그 자체이다. 그러나 이 스토리를 시간, 공간, 인물의 영역에서 인과관계를 형성하며 다음처럼 플롯으로 의미화해 볼 수 있다.

"어려서부터 고향마을의 이웃집에서 함께 자란 철수와 순이는 어느 땐가부터 서로를 사랑하게 되었다. 부모님들의 이사로 헤어진 그들이 서울에서 다시 만난 것은 대학생이 된 2010년의 어느 가을이었다. 둘은 서로를 뜨겁게 사랑했다. 어느 날 순이는 백혈병 진단을 받았고 그녀는 최선을 다해 투병생활을 했지만 끝내 숨을 거두고 말았다. 슬픔에 겨워 몸이 쇠약해진 철수도 순이가 세상을 떠난 지 1년 만에 결국은 그녀 곁으로 갔다."

위의 두 텍스트는 분명히 서로 구분되는 어떤 특징을 가지는 것을 알 수 있다. 이처럼 소설의 구조를 스토리와 플롯으로 구분하여 다층적으로 파악할 수 있다.

문학텍스트나 소설을 '의미'를 생산하는 다양한 층위들이 모여 이루어진 중층구조로 파악하고 텍스트를 심층구조와 표층구조로 구분하여 고찰하기 시작한 것은 1970년대부터라고 할 수 있다. 포스터E.M. Fortser는 영미권에서 처음으로 층위 개념을 도입하였고, 우리가 위에서 살펴본 것처럼 서술층위를 스토리와 플롯으로 구분하였다.[9] 이런 구분의 목적은 작품에서 확인할 수 있는 다층적인 의미층의 설정과 그것의 분석을 통하여 텍스트를 이루는 구조와 의미를 생성하는 과정을 이해하려는 것이었다.

소설의 구성을 '사건 그 자체로서의 스토리'와 이의 '인과적 서술화로서의 플롯'으로 구분하는 방법은 서술이론의 발전에 긍정적 영향을 주었지만 동시에 많은 문제점을 노정하기도 하였다.[10] 그 비판의 핵심은 전환의 과정을 텍스트 외부에서 주체적인 의도를 가지고 작품의 줄거리를 좌지우지하는 작가의 존재로 환원하는 전통적인 서술이론에 관한 것이었다.

스토리와 플롯의 이분법적 층위구분과 선험적인 주체에 근거한 서술자 문제를 서술이론적으로 한 단계 발전시킨 이론가 중의 한 사람으로 프랑스인 그레마스 Algirdas J. Greimas (1917－1992)를 들 수 있다. 그의 "기호학적 의미생성 행로"는 두 가지 구조, 즉 기호－서술적 구조와 담론적 구조로 구성되며, 이 두 구조는 다시 심층, 표층, 담론층의 세 가지 층으로 구분되고, 각각의 층은 다시 통사적 요소와 의미적 요소로 세분화된다.

기호학적 의미생성 행로[11]

구조	층위	통사적 요소	의미적 요소	층의성격	의미적 가치의 상태 및 의(미)소	인물화
기호－서술적 구조	심층	심층의 통사작용	심층의 의미작용	추상적	잠재적, 의소 (Sem)	추상적 가치
	표층	표층의 통사작용	표층의 의미작용	인성적	현실가능적, 의미소 (Semem)	기능주 (Aktant)
담론 구조	담론층	담론층의 통사작용: 인물화 시간화 공간화	담론층의 의미작용: 주제화 형태화	형상적	실현적	행위주 (Akteur)

논리적이며 추상적인 특징을 지닌 '심층'은 가장 깊은 층으로서 의미를 생성하는 내재적 구조를 통하여 의미가 최초로 생성되는 층이다. 둘째 층인 서술적 '표층'은 심층

의 추상적 요소가 주어나 목적어 등으로 전환되면서 이들의 행위와 의도를 나타내는 동사와 함께 '인성적' 성격을 부여받는 곳이며, 심층의 추상적 요소가 시간–공간–인물의 인과적인 관계망으로 엮어지는 곳이다. '담론층'에서는 인성적 행위주와 이들의 행위가 구체적으로 형상화되는 곳으로서 독자가 작품을 마주하는 최종 층이다.

아래에서는 각 층의 요소와 작동과정을 설명하고 텍스트가 어떻게 중층적으로 구성되는가를 살펴보자.

1.1 심층의 의미작용과 통사작용

주요 개념과 내용
· 기호학적 사각형
· 의미작용 └→ 의소 └→ 반대관계, 모순관계, 함의관계
· 통사작용 └→ 조작: 부정, 긍정, 함의

심층은 의미가 최초로 만들어지는 곳이다. 의미가 최초로 생성된다함은 의미에 대한 어떤 개념이나 상상이 선험적으로 존재하는 것이 아니라 특정한 의미는 의미작용을 통하여 비로소 생성된다는 뜻이다. 예컨대 '희다'라는 색깔의 의미는 그 자체로서 존재하는 것이 아니라 '검다', '회색이다' 등과 같이 색깔을 나타내는 의미범주들의 관

계 속에서 비로소 구분되어 생성되고 구체화된다는 것이다. 그레마스의 이론에 따라 설명하자면 특정한 의미는 그의 최소단위로서의 변별자질인 의소Sem의[12] 현존이나 부재(S1 또는 Non－S1)로써만 설명되는 것이 아니라 또 다른 의소의 현존이나 부재(S2 또는 Non－S2)와도 함께 설명되어야 한다. '희다'는 다른 색깔, 즉 '희지 않다', '검다', '검지 않다' 등의 요소와 함께 설명되고 이 관계를 통하여 '희다'의 의미가 생성되는 것이다. 그레마스가 심층에서 일어나는 최초의 의미생성과정을 설명하기 위해 도입한 '기호학적 사각형semiotisches Viereck'은 바로 이 네 가지 항들(S1, Non－S1, S2, Non－S2)로 구성되어 있다. (Greimas, 1982:308쪽 이하)

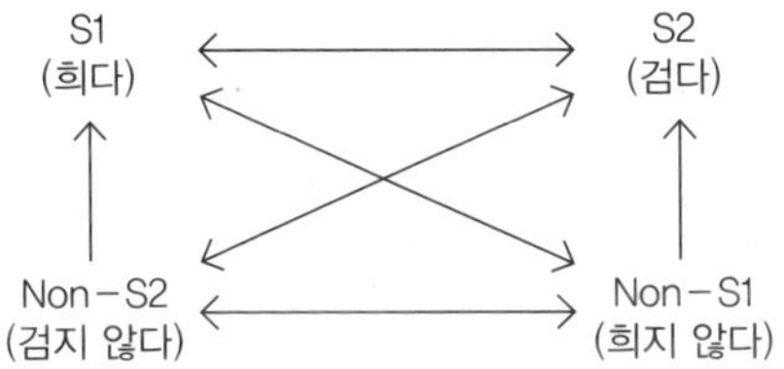

S1('희다')의 성격을 가진 의소는 S2('검다')와 공통의 축에 존재하지만 반대관계에 있고, 동시에 Non－S1('희지 않다')과 모순관계에 있다. 비(非)－S1로서의 Non－S1('희지 않다')은 S2의 의미('검다')를 내포하는 함의관계

에 있다. 따라서 기호학적 사각형에는 전체 6개의 관계, 즉 두 개의 반대관계(S1 vs S2, Non－S1 vs Non－S2), 두 개의 모순관계(S1 vs Non－S1, S2 vs Non－S2) 그리고 두 개의 함의관계(Non－S1 vs S2, Non－S2 vs S1)가 존재한다.

심층에서 일어나는 통사작용은 여섯 개의 관계 내에서 발생하는 조작(Operation)이다. 첫 번째 조작은 '부정Negation'으로서 모순의 축에서 일어난다. S1의 부정을 통하여 Non－S1을 생성하며, S2의 부정을 통하여 Non－S2를 생성한다. 두 번째 조작은 '긍정Assertion'으로서 Non－S1은 Non－S1로, Non－S2는 Non－S2로 남아있거나 '함의관계Implication'에 있는 S2나 S1로 나아감으로써 긍정을 이룬다.

부정, 긍정 및 함의의 조작은 순서대로 일어나며, 이것은 기호학적 사각형 모델에서 정태적으로 분류된 의소들이 동적으로 전환되는 통사적[13] 움직임을 나타낸다. 이때 두 개의 방향성이 제시되는데, S1이 Non－S1을 통하여 S2로 전환되든지, S2가 Non－S2를 통하여 S1로 전환된다. 이런 관점에서 통사작용의 진행방향은 예견될 수 있다.

심층에서는 어떤 작용을 통하여 의미가 초기적으로 생성되고 텍스트의 초기 형태가 생성되는지, 서술 방향은 사각형 모델에서 어떻게 설명될 수 있는가를 괴테의 『젊은 베르테르의 슬픔』을 통해 예시적으로 설명해보자.

『젊은 베르테르의 슬픔』에서는 능력이 뛰어나고 감수성이 강한 시민계층의 청년 베르테르를 통하여 첫째는 봉건주의 신분사회에서 비롯된 자아실현의 불가능성과 이로 인한 갈등과 절망이, 둘째는 약혼이나 결혼 등의 형태로 제도화되고 인습화된 사랑과 이런 제도를 초월한 자연적이고 순수한 사랑의 갈등이 형상화되었다. 작품에서 주인공 베르테르는 봉건주의 신분사회의 현실로부터의 도피, 호머와 오시안과 같은 고전작품의 독서, 자연 속으로의 은둔, 조건없는 사랑 등을 통하여 제도화된 사랑과 사회적으로 동기유발된 자아실현의 불가능성과 고난, 즉 죽음을 극복하고 삶으로 나아가려고 하지만 이 시도는 좌절되고 자살이라는 파국적인 결말을 맺는 것으로 형상화되었다.

이처럼 독자가 텍스트의 최상층인 담론층에서 추론할 수 있는 작품의 주제, 즉 '시민계층으로서의 자아실현의 불가능성', '이룰 수 없는 사랑', 그에 따른 '갈등과 파국적 결말' 등은 그 의미가 완결되어 처음부터 작품에 주어진 것이 아니라 심층, 표층, 담론층을 통과하면서 점진적으로 구체화되고 형상화된 의미생성의 결과로서 독자에게 전달되는 것이다. 따라서 이 의미화의 과정을 최상층에서 시작하여 역순으로 추적해 볼 때 우리는 이런 의미가 비로소 가능해지는 최초의 출발점을 만날 수 있고, 이 층을 의미가 최초로 생성되는 심층이라 부른다.

우리는 『젊은 베르테르의 슬픔』의 담론층에서 나타나는 다양한 대립과 갈등적 요소들을 '삶과 죽음'[14]이라는 기본 대립으로 환원하여 종합할 수 있다. 이 기본 대립적 가치가 심층구조에 자리한 '기호학적 사각형 모델'을 통하여 최초로 의미가 생성되고 점진적으로 구체화되면서 표층과 담론층의 중층구조를 형성한다는 것이 생성적 서술이론의 관점이다. 작품에서 형상화된, 그래서 독자들이 추론할 수 있는 『젊은 베르테르의 슬픔』의 주제인 '삶과 죽음'은 그 자체로서 형상화되어 있거나 그 자체로서 의미를 갖고 있는 것이 아니라 작품의 기저가 되는 최초의 심층에서 서로를 통해, 즉 삶은 죽음을 통해 그리고 죽음은 삶을 통해 의미를 관계적으로 응집하며 구성한다. 이 두 요소는 대립적 관계이기는 하지만 공통의 의미적 축(생물학적 축)의 배경에서 서로를 전제하고 있다. 이 두 가지 요소가 대립관계(가로 축)에 있다고 알게 되는 것조차도 이 공통의 의미적 축이 있기 때문에 가능하다. 즉, 삶이 등장하는 모든 곳에는 죽음이라는 의미가 발화되든지 안 되든지 항상 전제되어 있다는 것이다. 삶과 삶이 아닌 것, 죽음과 비죽음의 관계는 각각 모순관계(대각선 축)에 있으면서 부정을 통한 하나의 선택을 요구한다. 이때 선택된 부분은 '현실 가능화'되었으며, 부정된 부분은 '잠재적' 단계에 있다. 예를 들어 삶이 부정되고 삶이 아닌 것의 의미적 요소가 선택된 후 삶이 아닌 것은 자신의 의미 속에 내포된 죽음으로 향하는 과정, 즉 함의관계(세로축)를 가정해 볼 수 있으며, 이 과정은 줄거리를 이어나가는 방향을 제시한다.

우리는 작품에서도 이 진행방향을 확인할 수 있다. 주인공 베르테르는 시민계층으로서 자신의 자아실현을 억압하는 봉건주의 사회를 벗어나 발하임으로 도피한 후 자연 속에서 은둔생활을 하며 일시적이지만 평화로운 삶을 누린다. 로테를 만난 후에는 조건 없는 자연적 사랑을 통하여 자신의 삶을 구원하려고 노력하지만 제도와 인습에 의해 이마저도 거부됨으로써 파국적인 결말을 맞게 된다.

● **심화텍스트**

『벙어리 삼룡이』에서 심층의 의미작용이 어떻게 이루어지는가를 살펴보자.

● **모델 답안**

『벙어리 삼룡이』에서는 '억압된 욕망의 분출'이 주제로 다루어지고 있다. 그러나 이 주제도 위에서 살펴본 것처럼 독자가 확인할 수 있는 담론층에서 직접적으로 주어지거나 완결된 의미로서 전제된 것이 아니라 심층, 표층 그리고 담론층을 통하여 의미가 생성되고 점진적으로 형상화된 것으로 설명될 수 있다.

이 작품의 주제인 '본능 대 사회적 금기와 억압'은 심층에 자리한 '기호학적 사각형 모델'을 통하여 최초로 의미가 생성되고 구체화된 것으로 설명될 수 있다. '본능/욕망 대(對) 사회적 금기/억압'은 대립적 관계이기는 하지만 하나의 공통의 의미적 축(사랑')의 배경에서 서로를 전제하며, 서로를 통해 의미를 부여받는다. 이 두 가지 요소가 대립관계(가로 축)에 놓여있다고 알게 되는 것조차도 이 공통의 의미적 축이 있기 때문이다. 즉, 본능이 등장하는 곳에는 억압의 의미가 발화되든지 안 되든지에 관계없이 전제되어 있다. 대립관계에 있는 본능과 억압은 각각 자신의 긍정이나 부정을 통해 자신과 모순관계(대각선 축)에 있는 비본능이나 비억압을 요구한다. 이때 선택된 부분은 '현실 가능화'되었으며, 부정된 부분은 '잠재적' 단계에 있다. 예를 들어 본능이 부정되고 비본능의 의미적 요소가 선택된 후 비본능은 자신의 의미 속에 내포된 '억압으로 나아가는 과정, 즉 함의관계(세로 축)를 가정해 볼 수 있으며, 이 과정은 줄거리를 이어나가는 방향을 가리킨다. 『벙어리 삼룡이』의 줄거리 진행에서도 이 방향성을 확인할 수 있다.

1.2 표층의 의미작용과 통사작용

주요 개념과 내용
· 의미작용 └→ 의미의 전환 └→ 의미소 └→ 핵심의소 └→ 문맥소 └→ 의미동위체 └→ 의미적 가치체계/의미적 구성체
· 통사작용 └→ 인성적 주어

심층에서 생성된 의미가 좀 더 구체적으로 형상화되는 두 번째 층이 표층이다. 의미작용의 관점에서 볼 때 심층에서 표층으로의 전환은 심층의 의미요소가 선택적으로 취해지는 것으로, 또는 심층의 의소가 의미소Semem로 전환되는 것으로 이해된다. (Greimas, 1982:279쪽 이하) 즉, 표층의 의미작용은 여러 가지 의미범주에 속한 심층의 의소들 중에서 어떤 것이 선택되며, 어떻게 의미소로 변하는가의 문제로 요약된다. 우리 말 '배'를 예로서 설명해 보자.

우리 말에서 '배'는 다의어로서 최소한 다음의 세 가지 의미, 즉 '배'(復), '배'(船) 그리고 '배'(梨)의 의미를 가질 뿐만 아니라 각각의 단어는 세부 의소, 예컨대 '배'(復)는 사람이나 동물의 신체 부분을, '배'(船)는 타는 것, 바다, 기계 등을, 마지막으로 '배'(梨)는 식물, 먹을 수 있는 것,

과일, 맛있다 등의 의소를 가진다. 따라서 우리는 '배'라는 단어가 홀로 있을 때는 그 뜻을 알 수 없지만 "이 배는 달고 맛있다"라는 문장에서는 '배'(復)나 '배'(船)가 가지고 있던 의미적 요소, 즉 의소는 제외되고 그 대신에 과일로서의 배의 의소가 활성화되었음을 알 수 있다. 이렇게 문맥에 의해 활성화된 단어를 의미소라고 부른다.

하나의 의미소는 핵심의소와 문맥소를 내포하고 있다. 핵심의소는 의미소의 기본요소로서 문맥소와는 달리 불변하는 최소 의미단위로서 의미소 내에 고정되어 있으며, 문맥소는 내부지각적인 것으로서 표층의 맥락, 즉 문맥에 따라 결정된다. 핵심의소가 의미소의 고정수라면 문맥소는 문맥에 따라 결정되는 변수로서의 의소이다. 그레마스는 의소가 의미소로 변하는 과정을 '의미의 전환'이라고 부른다. (Greimas, 1982:62) 이 전환을 우리는 심층에서의 잠재적 의미가 표층에서는 '현실 가능적'으로 변한다고 표현할 수 있다.

표층의 의미작용에서 텍스트를 의미적으로 구성하는 또 다른 중요한 기능이 있는데 그것은 '의미동위체 Isotopie'이다. (Greimas, 1982:163쪽 이하) 위에서 언급한 〈희다〉, 〈검다〉는 '색깔'이라는 공통의 축에 근거한 문맥소에 의해 차이점과 함께 지각된다. 의미동위체는 동일한 범주와 동일한 의미축에 속하는 의소와 의미소가 전체 텍스트 내에서 반복적으로 회귀함으로써, 즉 텍스트 내에서 문맥소가 반복적으로 나타남으로써 만들어진다. 이러한 의미동위체는 한편으로는 담론 또는 텍스트가 그 자체로서 의미적 응집력과 구성력을 갖게 하며, 다른 한편으로는 텍스트 특유의 변별성과 선택을 드러낸다.

표층에서의 통사작용은 어떻게 일어나는가? '부정'과 '긍정'으로 조작되는 심층의 논리적이며 잠재적인 구조는 표층에서의 인성적(anthromorph) 성격을 지닌 주어에 의해서 현실화된다. 어떤 '행위'란 행위를 하는 주어나 주체를 전제하며, 주어나 주체는 '인성적'인 속성을 지니고 있으며, 심층의 요소도 인성적인 것과 결합할 때 현실화될 수 있기 때문이다. 그러나 이때의 행위는 어떤 의도나 의식을 가진 주체적 행위라기보다는 일종의 기능적이고 언어적인 역할을 하는 기능주의 행위이다. 기능주와 기능주 모델에 관해서는 아래 "등장인물과 구도"에서 자세히 살펴볼 것이다.

『젊은 베르테르의 슬픔』에서는 심층의 가치, 즉 '삶과 죽음'이 일종의 '의미의 전환'을 통해 그 의미가 표층에서 좀 더 구체화되고 의미동위체적으로 작품 전체에 분산된다. 이 과정을 통해 작품 전체를 의미적으로 구성하는 일종의 의미적 가치체계가 형성되고, 이 체계는 주인공이나 등장인물들이 구체적으로 형상화되고 활동할 수 있는 일종의 의미적 구성체를 형성한다.

『젊은 베르테르의 슬픔』의 의미적 구성체는 장소, 인용되는 작가, 성격, 사회적 신분, 인간유형, 행동 양태, 계절, 사회적 인습 등이다. 심층의 가치인 삶과 죽음은 이 가치체계 또는 구성체 내에서 매우 다양한 모습으로 각각 형상화된다: 장소는 발하임 대 공사 부임지와 주인공이 작품 서두에서 언급하는 "떠나온 그 곳"으로, 인용된 작가는 호머와 클롭슈톡 대 오시안과 레싱으로, 성격은 풍부한 감성－감정－영혼 대 메마른 감성－감정－영혼으로, 사회적 신분은 시민 대 귀족으로, 인간 유형은 감성적 천재 대 이성적 속물로, 행동양태는 춤－웃음－환희 대 눈물－울음－고뇌로, 계절은 봄 대 겨울로, 사회적 인습은 추종 대 거부 등으로 서술적으로 형상화된다. 이처럼 다양한 영역으로 분산된 가치체계를 통하여 심층에 근거한 삶과 죽음이라는 요소가 의소에서 의미소로 전환되는 구체적 과정을 거치며, 작품의 표층 내에서 의미동위체적으로 구성되고 담론층에서 서술적으로 형상화된다. 표층에서 활동하는 중요한 요소 중의 하나는 등장인물과 기능주에 관한 것이다. 이 내용은 아래 '누가 어떻게 행동하는가?'에서 다루도록 하겠다.

● 심화 텍스트

『벙어리 삼룡이』에서는 작품의 의미생성이 표층에서

어떻게 이루어지는가?

● 모델 답안

『벙어리 삼룡이』에서도 심층의 가치는 표층에서의 의미전환과 의미동위체를 통하여 주제가 형상화될 수 있는 구성체를 만든다. 즉, 심층에서의 본능과 억압은 표층에서는 다양한 분야에서의 소주제로 작품 전체에 분산되며 심층의 가치가 체계적으로 의미화될 수 있는 틀을 만든다.『벙어리 삼룡이』의 의미적 구성체는 계급, 신분, 결혼여부, 성격, 신체적 특징, 행동양태 등으로 구성되어 있다. 이렇게 구성된 가치체계 내에서 계급은 양반과 천민, 신분은 주인과 종, 결혼여부는 기혼 대 미혼, 성격은 차가움 대 따뜻함, 신체적 특징은 정상 대 비정상 또는 아름다움 대 추함, 행동양태는 포악함 대 충직 등으로 서술적으로 형상화된다.

심층에서는 논리적이며 추상적이던 의소가 표층에서는 본능과 억압의 의미를 지닌 의미소로 전환되며, 다양한 분야와 소주제로 분산된 의미동위체를 통하여 본능과 억압이라는 요소가 작품 전체에서 분산되며 형상화된다.

1.3 담론층의 의미작용과 통사작용

주요 개념과 내용

· 의미작용
└→ 주제화
└→ 형태화
  └→ 추상적 형태소
  └→ 비추상적 도상화

· 통사작용 └→ 인물화 └→ 시간화 └→ 공간화

담론층은 심층의 의소, 표층의 의미소와 의미동위체가 구체적인 모습으로 형상화되는 작품의 최상위층으로서 독자가 작품과 마주하는 곳이다. 담론층에서 일어나는 의미작용은 크게 두 가지이다. 첫째는 표층에서 현실 가능적으로 전환된 가치를 일정한 테마로 '주제화 Thematization'하는 것이며, 둘째는 이 가치를 구체적 사물이나 지명 또는 인물 등으로 '형태화Figurativization'하는 것이다.

의미적 전환의 첫째 작용인 '주제화'는 표층의 의미적 가치체계가 담론층에서 의미동위체적으로 분산되면서 특정한 내용, 수사적 표현, 소주제로 형상화되는 것이다. 위의 『젊은 베르테르의 슬픔』의 분석에서 살펴본 것처럼 삶과 죽음이 예컨대 '인용된 작가'라는 표층의 의미적 구성체의 연장선에서는 한편으로는 호머의 『오디세이아』와

18세기의 독일 시인 클롭슈톡Klopstock의 「봄의 축제Die Frühlingsfeier」 그리고 다른 한편으로는 「오시안의 노래」와 레싱의 『에밀리아 갈로티』와 관련된 내용으로 담론층에서 구체적으로 주제화됨을 알 수 있다. 이것은 서술의 내용이 텍스트 내에서 '분배'되어 형상화되는 것으로 볼 수 있으며, 주제화는 주인공이나 등장인물이 추구하는 서술 프로그램에서[15] 더욱 분명하게 구체화된다.

담론층의 둘째 의미작용은 '형태화'이다. 특정한 의미소나 가치는 인물이나 사건 등으로 구체화되며, 의미동위체적인 성격을 지닌 형상체의 연속성에서 구체적인 모습으로 구현된다. 이때 분배된 의미소나 가치의 의미적 효과와 구체성을 높이기 위하여 형태화를 사용하며, 형태화는 두 가지 요소, 즉 '추상적 형태소Figuration'와 '비추상적 도상화(圖像化)Iconization'를 통해 이루어진다. 추상적 형태소는 주제나 가치를 상징적으로 나타내는 경우가 많으며(이것을 일반 수사학에서는 상징 또는 은유 등으로 부른다), 비추상적 도상화는 의미생성의 최종단계로서 작품의 구체성과 실재성을 높이기 위하여 사용된다. 독일 작가 토마스 만의 작품에 등장하는 '바다', '산', '늪', '사막' 등은 '죽음과 병'을 나타내는 추상적 형상소이며, 그의 작품에 등장하는 등장인물들의 이름이나 지명, 즉 '토니오 크뢰거', '뮌헨', '베니스' 등은 특정한 대상에 이름을 부여하는 것으로서 비추상적 도상화이다. 『젊은 베르테르의 슬픔』에서 최종의 파국, 즉 베르테르의 죽음을 예고하며 반복적으로 등장하는 다양한 주변 줄거리들이 있다. 미망인을 사랑한 머슴의 살인, 목사관에 있는 호두나무의 벌목, 보리수 나무 아래의 마음씨 좋은 집의 막내 아들과 아버지의 죽음, 사랑하는 여인으로 인해 정신이상이 된 하인리히 청년의 이야기들이 주인공의 파국적 결말을 상징적으로 반복하는 추상적 형태소이다. 비추상적 도상화는 그의 작품에 등장하는 구체적인 지명이나 인물명이 될 것이다. 이처럼 비추상적 도상화를 도입하는 것은 외부 세계와의 유사성을 끌어내기 위하여 또는 외부 세계에 대해 '실재'라는[16] 환상을 불러일으키기 위해서이다. 『젊은 베르테르의 슬픔』에서 소설의 허구성을 극복하고 사실성을 강조하기 위해 서술자가 도입한 '각주 전략'도[17] 이런 비추상적 도상화의 관점에서 이해될 수 있다. 우리는 '실재' 효과를 일으키기 위하여 사용하는 담론층의 형태화에 근거하여 특정한 텍스트나 담론을 시대-역사적으로 파악할 수 있다. 왜냐하면 도상화는 구체적이며, 이 구체성은 외부적-시대역사적 배경을 지시하기 때문이다.

담론층의 통사작용은 세 가지이다. 첫째는 '인물화Actorialization', 둘째는 '시간화Temporalization', 마지막은 '공간화Spatialization'이다. 담론층에서 발화되기 이전까지의 서술프로그램은 다만 논리적인 형태를 가지고 있었다. 그러나 이제 표층의 서술 프로그램은 담론층의 특정한 공간, 특정한 시간 및 특정한 인물로 가공되며, 이 차원에서 새로운 서술적 질서가 구축된다. 이러한 방법을 통하여 공간적, 시간적, 인물적 프로그램은 서술의 내용과 줄거리 진행을 '통사적'으로 조직하며, 이러한 공간적－시간적－인물적 분절은 위에서 언급하였듯이 특정한 작품은 역사적으로 실제로 존재한다는, 즉 '실재'라는 환상을 불러일으킨다. 따라서 하나의 작품은 공간적－시간적－인물적 실재성에 근거하여 시대–역사적으로 자리매김이 가능하다.

최종의 담론층에서 형상화된 작품『젊은 베르테르의 슬픔』은 인물적으로는 베르테르와 로테, 시간적으로는 1771년 봄과 1772년의 겨울, 공간적으로는 봉건주의 신분사회의 독일 내의 허구적인 도시 발하임 등으로 구체화되었다. 그러나 왜 이론적으로 가능했던 다른 방법으로 분절되지 않고『젊은 베르테르의 슬픔』은 작품에서 형상화된 바로 그러한 방법으로 분절되었느냐고 질문할 때 이론적으로 가능했던 것과 실제로 형상화된 것 사이의 차이를 대비적으로 확인할 수 있으며, 바로 이 차이를 통해 작품의 의도와 고유성을 알 수 있다. 이 내용은 다음 장에서 좀 더 자세히 살펴보자.

● **심화텍스트**

『벙어리 삼룡이』에서 일어나는 담론층의 의미화를 살펴보자.

● **모델답안**

『벙어리 삼룡이』에서는 본능과 사회적 제도로서의 억압이 의미적 가치체계 내에서 개별 구성체로 분산되면서 계급은 양반과 천민, 신분은 주인과 종, 결혼여부는 기혼 대 미혼, 성격은 차가움 대 따뜻함, 신체적 특징은 정상 대 비정상 또는 아름다움 대 추함, 행동양태는 포악함 대 충직 등으로 서술적으로 형상화된다.

예컨대 아씨는 "보기에도 황홀하고 건드리기에도 황홀하리만치 숭고한 선녀같은" 인물로, 삼룡이는 "개나 돼지" 같은 인물로 묘사된다. 이와 함께 심층의 본능과 이의 의미적 분산으로 표층을 통과한 본능적 요소가 담론층에서는 "마치 언제 폭발이 될는지 알지 못하는 휴화산"으로 상징적으로 표현되는 것을 통해 심층－표층－담론층의 단계적 의미생성과정을 확인할 수 있다. 이외에도 '휴화산'이지만 살아있는 '사랑'의 발견을 통하여 본능은 신분과 계급을 통하여 서로 배제하거나 상치되는 것이 아니라 분출될 수 있다는 것이며, 이 인식을 통해 얻어진 행복한 결말 등으로 형상화되어가는 작품의 의미생성과정을 추론할 수 있다.

『벙어리 삼룡이』에서는 장소를 나타내기 위하여 '남대문', '오정포', '청엽정' 등을 지칭하거나 작품에서 특정 시대를 추론할 수 있는 부분이 언급된다. 즉 '자기네 딴은 행세한다는 사람들이 과목 밭을 일구어 살아가는 남대문이 바로 내려다보이는 청엽정과 연화봉의 사이'라는 표현에서 유추할 수 있는 시대를 통하여 독자는 작품을 시대 역사적인 공간과 시간, 즉 '20세기 초 아직 반상의 구분이 있던 한양의 어느 곳'으로 자리매김할 수 있다.

『벙어리 삼룡이』에서 형상화된 장소는 그 어느 곳도 아닌 바로 한양의 어느 곳, 시간은 그 어느 시간도 아닌 바로 20세기 초로, 인물은 그 어느 사람도 아닌 삼룡이 등으로 분절이 이루어졌다. 그러나 이론적인 관점에서 볼 때 분절화는 매우 다양하게 또는 임의의 다른 형태로 이루어질 수 있었다. 예컨대 장소는 한양이 아닌 평양으로, 시대는 20세기 초가 아닌 17세기나 18세기로, 인물은 아씨와 삼룡이가 아닌 그 어떤 다른 인물로 분절될 수 있었을 것이다. 작품은 이런 차이를 통해 다른 작품과 구별되는 자신의 고유성을 가진다.

1.4 심화질문

위에서 설명한 의미생성 이론은 전통적 서술이론에

대한 비판에서 시작되었다. 즉 전통적인 해석학적 관점에서 볼 때 작품은 텍스트 외부에 존재하는 저자의 의식된 의도나 미학적 행위의 결과로 이해된 반면에 기호학적 생성이론은 의미를 전제하지 않고 의미가 생성되는 점진적 과정을 드러내기 때문이다. 전통적 서술이론은 분석적으로 설명되어야 할 텍스트의 점진적 형성과 이를 통한 의미의 생성을 텍스트의 외부에 존재하는 주체, 예컨대 실재했던 또는 실재하는 개체로서의 저자를 통하여 보장받음으로써 우선은 언어외적인 주체에 근거하지 않고 규명되어야 할 서술이론적 메커니즘, 즉 주제의 생성과정을 간과하였다. 이런 방법을 통하여 텍스트 내적 서술자와 텍스트 외적으로 존재하는 저자 사이에 직접적인 연결이 가능해지며, 이에 따라 텍스트의 생성과정을 텍스트 외부에 존재하는 작가의 의도적인 개입과 의식적인 행위로 이해하는 방법론적 취약성을 드러내었다. 그러나 기호학적 의미생성행로는 의미생성의 기초단계인 심층에서부터 독자가 마주하는 마지막 담론층까지 의미가 생성되고 전환되는 과정을 드러내는 것으로서 소설이나 텍스트가 어떻게 중층구조를 거치며 작품으로 형상화되고 생성적으로 형성되는가를 보여준다.

각각 고유한 층으로서 서로 연결되고 전제하면서도 동시에 구분되는 심층－표층－담론층은 이론적으로 설명될 수 있으며, 또한 작품에 적용하여 분석될 수 있음을 위에서 살펴보았다. 이 때문에 의미생성적 행로는 한편으로는 텍스트의 창작방향을 나타냄과 동시에 다른 한편으로는 해석과 수용의 과정으로 이해될 수 있다. 그것은 독자가 예컨대 담론층에서 확인할 수 있는 형태소나 도상화를 의미생성행로에 따라 심층에 자리한 그의 핵심의소로 환원하여 이해하는 것이 가능하기 때문이며, 이로써 창작자가 걸었던 반대의 길을 갈 수 있기 때문이다. 이런 점에서 기호학적 생성이론은 해석학적 방법과는 구분되는 작품 분석과 해석의 가능성을 제시한다.

Ⅶ. 누가 어떻게 행동하는가?

등장인물

1. 등장인물과 등장인물의 구도

주요 개념과 내용
· 등장인물
· 행위자
· 기능주
· 등장인물 구도: 발신자, 수신자, 조력자, 방해자, 주어/주인공, 대상

이 장에서는 등장인물의 유형, 그 유형적 분류에 따른 등장인물의 구도 및 이 구도가 빚어내는 줄거리의 구체화 과정에 관하여 알아보자.

인물은 소설을 구성하는 요소 중에서 매우 중요한 역할을 한다. 왜냐하면 인물을 통하여 작품의 주제나 추구하는 가치가 구체화되고 이를 통해 작품이 완성되기 때문이며, 소설의 줄거리는 인물들이 엮어내는 사건의 진행에 다름 아니기 때문이다. 앞 장의 표층 부분에서 설명한 의미적 가치체계나 구성체도 대부분의 경우 궁극적으로는 등장인물을 통해 구체적으로 체현되어 형상화되어야 한다. 심층의 가치를 함의한 표층의 '기능주'들이 담론층에서 자신의 행위를 실행하는 '행위자'로 전환되는 것을 통해 인물의 형상화가 더욱 분명히 나타남을 알 수 있다. 표층에서는 역할과 기능에 따라 이론적으로 구분되었던 기능주가 담론층에서는 구체적이고 일종의 '살과 피'를 가진 실체적인 등장인물의 모습으로 형상화되기 때문이다. 표층과 담론층을 구분하는 중요한 기준 중의 하나는 기능주와 행위자의 구분이다.

작품을 유기적이고 전체적으로 이해하기 위해서는 등장인물과 등장인물 구도를 파악하는 것이 중요하다. 그리고 소설의 의미를 파악하고, 줄거리를 분석하고 그리고 무엇보다도 소설을 재미있게 읽기 위해서는 등장인물의 수, 그들의 역할, 성격 등에 대하여 정확한 이해가 필요하다.
등장인물 구도를 명확하게 파악하기 위해서는 우선 행위자와 기능주를 구분할 필요가 있다.
행위자는 우리가 소설을 읽으면서 구체적으로 만나는 '베르테르', '로테', '알베르트' 등과 같은 인물로서 이들은 '살과 피'를 가진 구체적 인물들이다. 이들은 소설 세계의 객관적 조건과 상황 속에서 행동하는, 우리가 일반적으로 '등장인물'이라고 지칭하는 인물들이다.
'기능주'는 누구 또는 무엇인가? 구체적 행위자로서의 '베르테르'와 '삼룡이'는 다른 인물이지만 무엇인가를 욕망한다는 관점에서 볼 때 그들의 기능은 동일하며, 따라서 그들은 주인공이라는 동일한 기능주 역할을 한다. 즉 '기능주'는 행위자와 같은 구체적 인물이 아니고 등장인물로서의 행위자가 줄거리의 진행에서 수행하는 역할과 기능에 따라 유형별로 구분한 이론적이며 분석적인 개념이다. '등장인물 구도'는 무엇인가? 등장 인물들이 빚어내는 상호관계, 즉 베르테르와 로테, 로테와 알베르트, 베르테르와 알베르트 사이의 관계를 등장인물 구도라고 부른다. 등장인물 구도는 전체줄거리에서 복합적이고 통시적으로 나타나는 행위자들을 그가 행사하는 기능별로 묶어 공시적이며 분석적인 틀로 종합하는 것이다. 이로써 작품을 구성하는 인물들을 전체적이며 유기적으로 파악할 수 있다. 이 구도는 러시아의 민담학자 프롭V. Propp이 러시아의 민담분석을 통하여 유추한 31개의 등장인물들의 역할을 프랑스의 기호학자 그레마스가 다시 6개의 기능주, 즉 발신자, 수신자, 조력자, 방해자, 주어/주인공 그리고 대

등장인물 구도

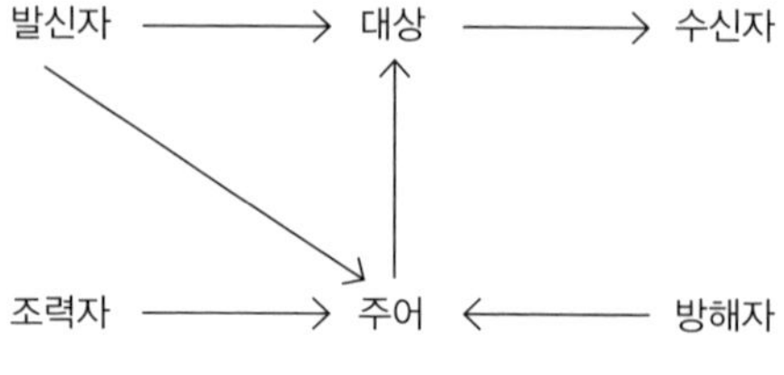

상으로 요약하여 '등장인물 구도'로 발전시켰다.

등장인물 구도의 핵심축은 주어 – 대상의 연결축이며, 이 축은 원의(願意)의 축으로 정의될 수 있다. 주어의 모든 행위는 원하는 대상과 일치된 상태에 이르고자 하는 데 집중되어 있으며, 이러한 원의는 우리가 아래에서 살펴볼 서술 프로그램의 목적상태로 나타난다. 주어와 대상의 축에서 원의의 대상이었던 대상은 발신자 – 수신자의 축에서는 '소통'의 객체로 변화한다. 즉 발신자와 수신자는 이 대상을 통하여 서로 소통하며, 발신자는 주어가 대상을 찾아 나서게 한다. 발신자 – 주어 – 수신자의 관계는 동등한 관계가 아니라 위계구조적 관계에 있다고 볼 수 있다. 왜냐하면 발신자는 주어나 주인공이 어떤 행위를 하도록 만들기 때문이다. 세 번째의 축은 조력자 – 주어 – 방해자의 축이며, 조력자는 주어가 대상과 일치 상태에 도달하는 것을 도와주며, 방해자는 표현 그대로 이 진행을 방해한다. 네 번째는 발신자 – 주어의 관계이다. 즉 주어는 발신자에 의해 하나의 욕망이나 원의로 구체화되는 서술 프로그램을 가지게 된다. 이 때 발신자와 주어는 각각 다른 인물일 수 있으며 또는 동일 인물일 수도 있다. 동일 인물이 자신의 내적 원의에 의해 어떤 특정한 상태를 이루려고 할 때 이 원의가 발신자 기능을 하며, 그리고 원의를 받아들여 자신의 서술 프로그램으로 정립하는 자는 수신인과 동시에 주어의 역할을 한다. 한 사람의 동일 인물 내에서 다양한 역할의 분리가 가능한 것을 알 수 있다.

등장인물의 역할과 기능적인 관점에 따라 구분된 6개의 기능주(발신자, 주어/주인공, 대상, 조력자, 방해자, 수신자)는 시대와 문화적 배경에 따라 구체적인 인물로 형상화된다. 예컨대 6개의 기능주는 이론적이며 탈역사적인 특징을 갖고 있는 반면에 이의 구체적 형상화로서의 행위자는 실제적이며 역사적인 성격을 갖는다. 베르테르와 삼룡이, 로테와 아씨 등의 인물은 구체적 행위자로서는 개별적이고 역사와 문화적 배경에 따라 다르게 형상화되는 인물이지만 그들의 역할과 기능은 주인공과 이 주인공이 욕망하는 대상으로서 동일하다. 위에서 간략히 언급한 것처럼 기능주와 행위자는 표층과 담론층을 구분하는 중요한 요소이기도 하다. 왜냐하면 기능에 따라 분류된 기능주는 보편적이며 이론적 모델로서 아직 형상화되지 않은 요소인 반면에 행위자는 담론층에서 구체적으로 형상화된 인물이기 때문이다.

우리에게 많이 알려진 민담 〈선녀와 나무꾼〉을 예로 들어 설명해 보자.[18]

이 민담에서는 나무꾼, 포수, 선녀, 아이들, 사슴, 쥐, 대왕 쥐, 옥황상제, 동서형들, 처형들 등이 등장한다. 이들은 모두 '살과 피'를 지닌 구체적 개체로서 등장인물들이며 구체적인 행위자들이다. 그러나 이들이 수행하는 역할은 각기 다르다. 이들 중에는 주인공을 도와주는 인물도 있지만 주인공을 괴롭히거나 그가 목적을 이루지 못하도록 방해하는 역할을 하는 인물도 있다. 따라서 등장인물 또는 행위자로서의 이들의 구체적 모습과 형상은 각기 다르지만 이들이 수행하는 역할은 '조력자' 또는 '방해자'라는 의미에서는 동일하다. 그리고 이렇게 역할에 따라 정의된 인물을 우리는 '기능주'라고 칭한다. 등장인물은 인간만이 아니라 동물이나 사물도 가능하다. 즉 사람을 보이지 않게 하는 모자가 주인공을 도와 악한을 징벌하게 한다면 이 모자는 '조력자'의 역할을 한다. 〈선녀와 나무꾼〉에서처럼 주인공을 도와주는 사슴과 쥐도 우리는 동일한 기능을 행사하는 '기능주', 즉 '조력자'로 파악할 수 있다.

〈선녀와 나무꾼〉에 등장하는 인물들은 기능상 다음과 같이 분류할 수 있을 것이다. 발신자는 본능/욕망이며, 주인공은 나무꾼이며, 대상은 나무꾼이 찾는 아내인 선녀와 그의 아이들이며, 조력자는 나무꾼을 도와주는 사슴과 대왕 쥐이며, 방해자는 나무꾼이 원하는 것을 방해하는 옥황상제, 동서들과 처형들이며, 마지막으로 수신자는 본인이 원하는 것을 마침내 획득한 행복한 나무꾼이다.

하나의 이야기가 성립되기 위해서는 등장인물구도가 필요하며, 줄거리를 이해하기 위해서는 등장인물에 대한 이해가 필요하다. 왜냐하면 이것은 전체구도를 조망하는 안목을 갖게하기 때문이다. 그러나 개별 작품들을 살펴 볼 때 등장인물이 한 두 명만 등장하는 경우와 함께 수백 명이 등장하는 경우도 있다. 이런 작품에서 등장인물 구도를 어떻게 설명할 수 있을까? 단편이나 우화에서처럼 등장인물이 한 두 명일 경우에는 간단하지만 톨스토이의 『전쟁과 평화』처럼 등장인물이 459명이 될 경우에는 상황이 다르다. 그러나 등장인물의 수가 극히 적은 모노드라마와 같은 경우에도 복잡한 줄거리가 전개될 수 있는 것은 한 명의 인물이 여러 인물의 역할, 즉 기능주를 할 수 있기 때문이며, 반대로 복잡하게 느껴지는 대규모의 등장인물이 등장하는 경우가 의외로 간단할 수 있는 것은 여러 명의 등장인물들을 그들의 역할을 중심으로 분류하여 종합할 수 있기 때문이다. 이상에서 보듯이 기능주와 행위자의 관계는 반드시 일대일의 관계가 아니며, 하나의 기능주는 다양한 행위자로, 하나의 행위자 또한 다양한

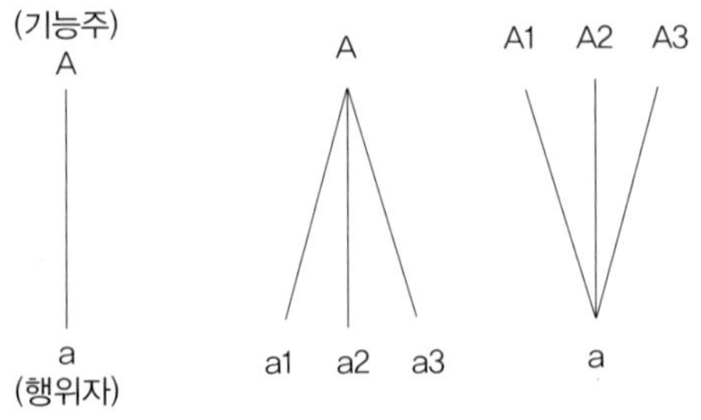

기능주의 역할을 할 수 있다.

위의 도표에서 볼 수 있듯이 한 명의 행위자가 하나의 기능주 역할을 하는가 하면 다수의 행위자가 하나의 기능주 역할로 종합될 수 있으며, 한 명의 행위자는 다수의 기능주로 분산될 수 있음을 알 수 있다.

『젊은 베르테르의 슬픔』을 예로 들어 등장인물 구도를 설명해보자.

귀족과 시민계급을 구분하는 봉건주의 신분사회인 "그 곳"을 떠나 발하임으로 온 베르테르는 발하임에서 로테를 만나 그녀를 사랑하게 된다. 즉 베르테르는 주인공 또는 주어로서 대상으로서의 로테를 원한다. 그렇다면 베르테르에게 이런 행동을 하게 하는 발신자는 누구인가? 베르테르에게 이런 행동을 유발하는 발신자는 외부적으로는 당시의 시대적 관습을 거부하는 '질풍과 노도'의 시대정신이며, 내면적으로는 이런 시대정신을 선취하여 구현하는 베르테르의 내면적이며 감성적인 자유일 것이다. 객체로서의 로테를 원하는 베르테르의 계획을 방해하는 사람은 알베르트와 그 시대의 사람들 및 그 시대의 인습들일 것이며, 베르테르를 도와주는 사람은 사랑에 빠져 살인을 저지르는 머슴, 사랑 때문에 미쳐버린 하인리히라는 청년 등이 될 수 있을 것이다. 그렇다면 수신자는 누구인가? 베르테르의 희망대로 되었다면 로테와 사랑의 결합을 이룬 베르테르였겠지만 작품에서는 로테와 결합하지 못한 비극의 주인공 베르테르로 형상화되었다.

작품을 시대사적으로, 비교문화적으로 이해하기 위해서는 기능주의 관점에서 살펴본 등장인물구도와 이의 구체적 체현으로서의 행위자를 구분하는 내용적 분석이 뒤따라야 할 것이다. 왜냐하면 등장인물구도는 보편적이며 이론적이고 탈역사적인 반면에 행위자는 실체적이며 구체적인 역사와 문화적 맥락 속에서 창조되는 인물이기 때문이다. 우리가 위에서 설명한 중층구조 이론에 따르면 표층까지는 이론적이고 보편적인 성격을 갖는 반면에 담론층에서는 역사적이고 문화적인 요소가 개입함을 알 수 있다.

예컨대 '이룰 수 없는 사랑'이라는 주제와 이런 주제에서 가능한 등장인물구도가 조선시대의 『운영전』에서는 궁녀 운영과 양반 김 진사로 구체화되었다면 『로미오와 줄리엣』에서는 로미오와 줄리엣으로 형상화되는 것, 또는 '효도'가 『심청전』과 『리어 왕』의 모습으로 형상화되는 것을 통하여 우리는 탈역사적인 등장인물구도가 구체적인 시대와 장소 그리고 다른 문화 속에서 각각 다른 인물을 통하여 역사적으로 다르게 구체화되고 있음을 알 수 있다.

이때 중요한 것은 등장인물이 체현하는 의미의 생산

과 가치체계일 것이다. 왜냐하면 이런 구체성과 가치체계를 통하여 작품이 추구하는 가치체계와 그 작품의 고유성이 표현되기 때문이다. 이것은 구체적 인물이 추구하는 가치가 말과 행동을 통하여 구체적인 역사와 문화적 맥락 속에서 형상화되는 것이다. 우리는 흔히 희곡이나 연극에서 인물을 '성격'의 의미에서 케릭터라고 부르기도 한다. 인물들은 주어진 객관적 조건과 일정한 상황 속에서 살기 때문에 특히 그의 성격과 개성은 중요하다. 춘향이가 변사또의 유혹과 회유 그리고 물리적 폭력에 굴복하지 않은 것은 그녀의 개성이며 그녀가 추구하는 가치 때문일 것이다. 동일한 상황에서 다른 사람은 다른 행동을 보일 수 있다.

우리는 각각의 등장인물이 추구하는 가치를 그의 말과 행위를 통하여 알 수 있으며 이런 관점에서 유추된 가치를 '등장인물 구도'에 대입할 때 한 작품이 추구하는 전체적인 구도를 분석할 수 있게 된다.

위에서처럼 작품에 등장하는 인물을 도식적인 관계로 정리하는 것은 등장인물들의 내면적 세계나 심리적 구도를 간과하는 면이 없지 않다. 그럼에도 불구하고 이런 등장인물 구도는 소설의 구도를 전체적으로 또는 공시적이면서도 유기적으로 파악하는 데 많은 도움을 준다.

● 심화 텍스트

『벙어리 삼룡이』에 등장하는 등장인물 구도를 분석해 보자.

● 모델 답안

주인공 삼룡이가 원하는 대상은 아씨이며, 삼룡이가 이런 대상을 추구하게 만드는 것, 즉 발신자는 억압된 본능의 표출로서의 욕망이다. 물론 삼룡이가 이런 행동을 하게 만드는 구체적 요인은 주인집 아들의 포악한 행동이지만 이것은 어디까지나 잠재되고 억압된 본능이 분출하는 빌미를 제공할 뿐이다. 주인공이 아씨를 욕망하는 데 방해를 하는 방해자는 주인집 아들, 오생원, 주위 사람들이며, 그에게 도움을 주는 조력자는 명확하지 않다. 다만 아씨가 삼룡이에게 호의적이며 동정적인 행동을 보임으로써 그의 욕망의 분출을 앞당기는 의미에서는 그녀를 조력자로 생각할 수 있다. 이 작품에서 수신자는 없으며, 있

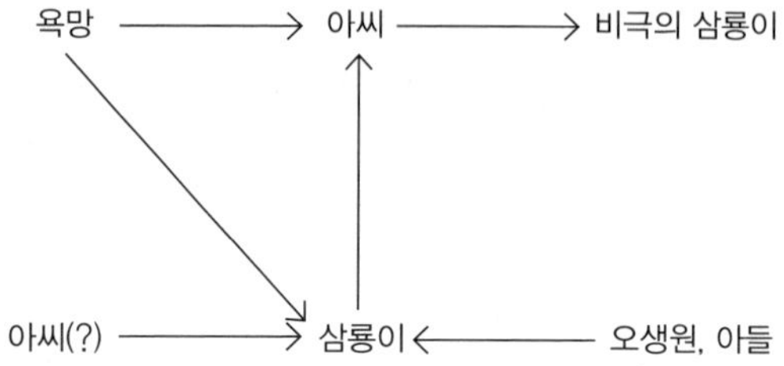

다면 비극의 주인공으로서 원하지 않은 결과를 얻는 수신자만 있을 뿐이다. 이론적으로 가능했을 법한 구도는 주인공이 원하는 대상을 획득하는 상황이었을 것이다.

2. 등장인물의 사회축과 인성축

주요 개념과 내용
· 사회적 축
· 인성적 축

작품 전체에 등장하는 인물들의 관계를 동시적으로 조망하는, 즉 공시적인 면을 강조한 '등장인물 구도'는 작품에 등장하는 등장인물들의 상호관계를 전체적으로 그리고 공시적으로 파악하는데 매우 유용한 방법이다. 그러나 줄거리의 진행에 따른 등장인물들의 변화를 통시적인 차원에서 살펴보거나 대비할 때 도움이 되는 방법은 등장인물을 사회적이고 인성적인 축에서 관찰하는 것이다. 사회적인 축에서 가장 기본이 되는 요소는 사회적인 배경으로서, 예컨대 부자, 가난한 자, 상류층, 중산층, 하류층 등과 같은 사회계층적 분류이며, 인성적 축에서 기본이 되는 요소는 선함, 악함, 사랑, 냉정, 성실함, 기만 등의 사람의 인성을 나타내는 특징들이다.

등장인물이 속한 사회적인 축에서 일어나는 변화를 통해서는 이데올로기 비판적인 성격의 흐름과 변화를 읽어낼 수 있으며, 등장인물 개개인의 인성적인 성향에 초점을 맞춘 인성적 축에서 일어나는 변화를 통해서는 인물들의 가치비판적인 성격의 흐름과 변화를 읽어낼 수 있다. 왜냐하면 이 축을 통해 사회적인 축과 인성적인 축에서 일어나는 이동과 위치의 변화를 읽어낼 수 있는데, 이때 사회적인 축은 등장인물들이 속한 사회적 위치를 중심으로 살펴보는 것으로서 이데올로기 비판적인 성격이 있으며, 인성적 축은 등장인물 개개인의 인성적인 성향에 초점을 맞춘 것으로서 가치비판적인 성격이 있기 때문이다.

우리가 소설에서 느끼는 갈등 중에서 많은 부분은 이 두 가지의 구도에서 빚어지고 있음을 알 수 있다. 예를 들어 어떤 작품이 부자와 가난한 자의 세계를 대비적으로 그리려는 의도를 추구한다면 이 작품은 부유함과 가난이라는 가치를 형상화하는, 즉 등장인물로 체현된 가난한 인물과 부자 인물을 반드시 등장시켜야 할 것이다. 이런 구도로 젊음과 늙음, 아름다움과 추함, 선한 자와 악한 자, 피해자와 가해자, 보수와 진보, 귀족과 시민, 기혼과 미혼, 사회적 인습을 따르는 자와 따르지 않는 자 등이 등장하게 된다. 예를 들어 부자 청년이 가난한 여인을 사랑한다고 할 때 이 청년의 사회적 환경은 부자이지만 개인적인 인성은 사회적 격차를 뛰어넘는 인간상을 추구한다고 판단할 수 있다. 이런 인물구도는 많은 경우 대립적으로 구성되면서 갈등을 야기하고, 이 갈등은 줄거리에서 나타나게 된다. 갈등의 결과는 파국, 화해, 도피, 비극, 희극 또는 행복한 결론 등으로 다양하게 나타난다.

소설의 등장인물을 이런 관점에서 배치해 보는 것은 소설의 구도를 사회적으로 이해하는 데 많은 도움을 주며, 그 소설이 추구하는 가치를 이데올로기 또는 가치비판적으로 고찰할 수 있는 가능성도 함께 제시한다.

소설에서 좀 더 복합적으로 인물구도를 그릴 때에는 부자이면서 심성이 착한 사람 대 가난하면서 악한 인물 등의 구도를 만들어 낼 수 있다. 이런 대립적인 구도는 확연히 드러날 때도 있지만 많은 경우 특정인물을 구성하는 자질들을 꼼꼼히 분석함으로써 비로소 확인된다.

다음의 도표에서도 볼 수 있듯이 『젊은 베르테르의 슬픔』에서 수직축은 귀족과 시민계급을 나타내는 사회적 축이며, 수평축은 '사랑'의 유무와 '사회적 인습에 대한 추종과 거부'를 나타내는 인성적 축이다. 수직축에서 볼 때 베르테르, 로테 그리고 알베르트 모두 시민계층에 속한 중산층으로서 이 위치는 작품 전체에서 변화가 없다. 다만 '사랑'의 유무와 '사회적 인습에 대한 추종과 거부'를 나타내는 수평축에서만 이동이 있을 뿐이다. 이런 관점에서 볼 때 『젊은 베르테르의 슬픔』은 당시 신분사회였던 봉건주의 사회가 야기한 계층간의 갈등문제를 다룬 작품이 아니라 '사랑'의 유무와 '사회적 인습에 대한 추종과 거부'를 중점적으로 다룬 작품이라는 것을 알 수 있다. 즉『젊은 베르테르의 슬픔』에서는 귀족과 시민사회라는 봉건주의 신분사회가 기본 바탕으로 전제되고 있지만 작품의 줄거리에서는 계층 문제보다는 사랑의 문제가 더욱 두드러지게 다루어진다.

인성축 / 사회축		인성			
		사랑(−)		사랑(+)	
		인습추종	인습거부	인습추종	인습거부
사회적 신분	귀족				
	시민	알베르트		로테	베르테르

● 심화 텍스트

『벙어리 삼룡이』에서의 사회적 축과 인성적 축을 살펴보자.

● 모델 답안

『벙어리 삼룡이』에서 삼룡이는 신분이 미천한 자이지만 심성이 착한 인물로, 오생원의 아들은 문벌이 낮은 양반이지만 심성이 포악한 인물로 그려지고 있다. 작품의 전면에 자신을 드러내지 않고 다만 간접적으로만 등장하는 아씨는 문벌이 높지만 영락한 양반집 딸로서 심성이 착한 인물로 그려지고 있다.

이 작품을 주인집 아들과 아씨의 관점에서 볼 때는 인성적 축이 중요하게 등장하지만 아씨와 삼룡이의 축에서 볼 때는 신분이 높은 양반 주인집 부인과 비천한 노비인 곱사등이 머슴이라는 신분 관계가 문제가 된다. 따라서 이 작품에서는 따뜻한 마음의 유무 및 욕망의 유무만이 문제되는 것이 아니라 사회적 신분도 문제가 된다. 그러나 삼룡이가 원하는 축의 이동은 양천제 신분사회의 근간을 흔들며 이와 함께 기혼과 미혼이라는 금기된 축을 건드리게 된다. 따라서 두 가지 의미에서 이 금기의 축을 넘은 작품『벙어리 삼룡이』가 혁명적인 작품이 되지 않기 위해서는 삼룡이를 제외한 다른 인물들은 금기를 지켜야 하며, 이 금기를 넘어간 천민 삼룡이는 희생되는 수밖에 없다. 이외에도 금기를 넘은 삼룡이의 행동은 의도적이고 의식적으로 당시의 사회적 신분체제를 훼손하는 것이 아니라 다분히 인간적인 차원, 즉 죄 없는 주인집 아씨를 도와주려는 의도에서 시작되었기 때문에 그 금기의 월경 현상이 주는 효과는 감소될 수 있다.

<table>
<tr><td colspan="3" rowspan="3">인성축 / 사회축</td><td colspan="4">인성</td></tr>
<tr><td colspan="2">가슴(−)</td><td colspan="2">가슴(+)</td></tr>
<tr><td>욕망(−)</td><td>욕망(+)</td><td>욕망(−)</td><td>욕망(+)</td></tr>
<tr><td rowspan="4">사회적 신분</td><td rowspan="2">양반</td><td>상위</td><td></td><td></td><td>아씨</td><td></td></tr>
<tr><td>하위</td><td>주인집 아들</td><td></td><td></td><td></td></tr>
<tr><td>농 · 상인</td><td></td><td></td><td></td><td></td><td></td></tr>
<tr><td>노비</td><td></td><td></td><td></td><td></td><td>삼룡이</td></tr>
</table>

Ⅷ. 어떻게 서사화되는가?

1. 기본 서술프로그램

주요 개념과 내용
· 기본 서술프로그램
· 기본 대립구조

우리는 위에서 텍스트나 작품이 다양한 층위를 통과하면서 점진적으로 생성되는 과정을 살펴보았고, 이런 과정을 통하여 추상적 가치가 구체적 인물로 형상화되어 펼치는 국면도 등장인물 구도에서 살펴보았다. 그렇다면 이런 추상적 가치와 인물들, 중층적 구조들은 서사와 시간의 흐름 속에서, 즉 줄거리의 진행에서 어떻게 서사화되는가라는 문제가 제기된다. 이 장에서는 이 문제를 좀 자세히 살펴보자.

많은 민담들은 예를 들어 "옛날, 옛적에 한 아이가 살았는데, 하루는 그 아이가 산을 넘다가 호랑이를 만났어요..."라든지, "옛날, 옛적에 어느 나라에 아름다운 공주가 한 명 있었는데, 하루는 마귀가 그 공주를 납치했어요..."라는 갈등적이고 대립적인 상황에서 시작한다. 공주의 납치를 통해 야기된 갈등구조는 이 민담을 출발시키는 최초 요인이 되며, 이 민담에 등장하게 될 주인공의 목적은 이 갈등구조를 해결하여 본래의 상태를 회복하는데 있다. 우리는 이것을 주인공의 '기본 서술프로그램'이라고 부른다. '기본 서술프로그램'은 주인공이 추구하는 목표와 이 목표를 달성하기 위해 주인공이 펼치는 서술전략으로 이해될 수 있다. 주인공 이외의 다른 등장인물들도 대립적인 기본 가치구조와 이에 따라 자신들이 수행해야 할 서술프로그램을 가진다.

우리는 작품의 출발점에서 이런 갈등상황을 가능하게 만드는 구조나 대립을 기본 대립구조 라고 부르도록 하자. 줄거리의 진행은 긴장을 불러 일으키는 이 가치대립을 출발점으로 하며, 등장인물들은 이 기본 대립구조를 체현한다.

『젊은 베르테르의 슬픔』에서는 귀족과 시민의 갈등, 제도화된 사랑과 인습에 얽매이지 않는 자연적 사랑의 추구가 갈등구조로 그려진다. '사랑과 인습', '본능과 사회적 억압' 등의 추상적 가치가 작품 내에서 구체적 등장인물로 형상화된 후 등장인물들은 본인에게 주어진 기본 가치구조와 대립에 따라 본인이 수행해야 할 기본 서술프로그램을 가지게 된다. 주인공 베르테르의 기본 서술프로그램은 그가 사랑하는 로테와의 결합을 통하여 당시의 봉건적 사회가 천재적 개인에게 박탈한 충만한 삶의 가능성을 성취하는 것이다. 이때 자연적 사랑과 제도적 인습 사이에서 갈등하는 인물이 로테라면, 알베르트는 주어진 사회적-제도적 조건을 수용하고 기본의 가치에 충실한 인물로서 자신의 서술프로그램을 가지게 된다.

이처럼 모든 작품은 기본 대립구조를 의미의 기저에 갖고 출발하며, 대부분의 작품은 대립적인 가치의 갈등상황에서 출발한다. 이런 대립적 가치는 구체적인 등장인물을 통하여 체현되고, 독자는 등장인물들이 자신의 서술프로그램에 따라 행동하는 과정이 작품의 진행과정에서 형상화됨을 알 수 있다. 이런 기본 대립구조는 의미의 건축물인 작품을 받쳐주는 토대와 같은 것이다.

● 심화 텍스트

『벙어리 삼룡이』에서의 기본 서술프로그램을 설명해보자.

● 모델 답안

『벙어리 삼룡이』에서 주인공의 기본 서술프로그램은 우리가 그의 등장인물 구도에서 살펴보았듯이 '휴화산'처럼 억제되고 잠재된 본능적 욕망을 분출하는 서술화 과정 또는 서술전략일 것이다. 작품에서 원초적이며 동물적인 본능을 체현하는 것이 삼룡이와 왜곡된 형태의 곱사등이라면, 도달할 수 없는 금기의 가치를 체현한 인물과 장소는 선녀처럼 아름다운 아씨와 금기의 공간인 안방이다. 그의 신분과 생김새에서 이미 표현되었듯이 주인공 삼룡이가 자신의 서술프로그램을 성취하는 일은 죽음을 감수하지 않고는 불가능하다.

2. 계열축과 결합축

주요 개념과 내용
· 계열관계/계열축
· 결합관계/결합축

우리는 위에서 '텍스트의 중층구조', 추상적 가치를 체현화한 '등장인물' 및 '기본 서술프로그램'에 관하여 알아보았다.

우리는 여기서 한 가지 질문을 할 수 있다. 이 기본 서술프로그램을 수행하며 작품의 줄거리를 이끌어가는 사람 또는 논리는 무엇이며, 소설의 중층구조와 갈등적인 기본 서술프로그램을 수평적인 축에서 서사화하는 것은 무엇이며, 그 추동력은 어디에서 오는 것인가?

우리는 이 때 "물론 등장인물이지, 작가지 또는 서술자지!"라고 말할 수 있을 것이다. 물론 줄거리를 진행시키는 것은 등장인물들이 실천하는 행위이며, 이 행위들이 어우러져 빚어내는 구도로서 우리가 위에서 살펴본 등장인물들의 기본 서술프로그램도 이런 역할을 할 것이다. 그러나 줄거리의 진행과정에 대한 설명을 작품 내에서 행동하는 인물들의 주체적 행위로 떠넘기는 것은 아무런 설명을 하지 않는 것과 마찬가지이다. 왜냐하면 이러한 설명은 '왜 베르테르가 죽었지?'라는 질문에 대하여 '베르테르가 원했기 때문에'라고 대답하는 것과 같은 무의미한 대답이 되기 때문이다. 우리의 과제는 등장인물들이 어우러져 빚어내는 바로 이 구도, 즉 줄거리의 다양한 전개와 진행, 그의 서사화 과정을 설명하고 분석할 수 있는 이론적 방법론을 제시하는 것이다.

우리는 작품을 분석할 때 서술자와 작가를 구분해야 한다는 것을 알고 있으며, 역사적이며 작품의 외부에서 실재하는 작가를 분석의 초기단계에서부터 작품분석으로 도입할 경우 분석 자체가 불가능하다는 것을 알고 있다. 왜냐하면 이런 경우에도 분석되어야 할 대부분의 질문은 '작가가 원했기 때문에'라는 말로 답변될 수 있으며, 이 답변은 그 어느 것도 설명해 주지 못하기 때문이다.

물론 궁극적으로는 작가의 의도와 그의 예술적 형상능력이 결정적인 것이며, 우리는 이 문제를 아래 'X) 작품의 시대적 역사성'에서 다룰 것이다. 그러나 그 이전에 이루어져야 할 분석이 아직은 남아있다. 문학작품은 그 자체로서 이미 자율적으로 존재하는 고유한 하나의 세계다. 작품의 외부에 존재하는 역사적 인물인 작가의 주관적 의도를 설명의 핵심으로 삼을 경우 작품 해석이 자칫 해석학적이나 심리적인 경향으로 흐를 수가 있으며, 따라서 비록 허구지만 소설이 갖고 있는 세계의 자율성을 인정하지 않는 결과가 될 것이다. 이는 결과적으로는 문학의 자율성과 사실성을 부인하는 격이 될 것이다.

그렇다면 무엇이 작품을 어떻게 이끌어 가며, 서술프로그램을 진행시키는가?

다층적이며 역동적인 줄거리의 진행과 그의 서사화 과정을 작품의 외부에서 역사적으로 실재하는 작가의 의도나 작품 내에서 행동하는 등장인물들의 내적 추동과 주관적 행위의 결과로 이해할 것이 아니라 체계적이며 분석적으로 설명할 수 있는 메타이론은 없을까? 이 질문에 도움을 주는 것이 바로 구조주의 언어학에서 처음으로 주창되어 이제는 보편화된 개념으로 사용되는 결합관계 Syntagma와 계열관계Paradigma이다.

1916년에 출간된 소쉬르F. de Saussure의 『일반 언어학 강의』는 인문사회과학 전 분야에 광범위한 영향을 미쳤고 소위 '언어학적 전환'으로 불리는 패러다임 전환을 불러왔다. 『일반 언어학 강의』가 인문사회과학에 미친 영향을 본서에서 굳이 강조할 필요는 없을 것이다. '구조주의', '후기구조주의'라는 이름으로 논의되는 대부분의 인문사회과학 이론들이 소쉬르의 언어학으로부터 영향을 받고 있음은 익히 잘 알려져 있기 때문이다.

결합관계와 계열관계는 소쉬르가 주창한 구조주의 언어학의 핵심 개념 중의 하나이며, 이 구조주의 언어학적 사고를 문학작품에 적용한 것이 바로 구조주의 문예학이다.[19] 여기에서는 위에서도 언급하였듯이 계열축과 결합축의 두 축을 소설의 분석에 도움을 주는 방향에서 살펴보고자 한다. 우선 소쉬르를 인용해 보자.

"(....) 이처럼 언어상태에서는 모든 것이 관계에 바탕을 두고 있다. 이 관계는 어떻게 작용하는가? 언어 사항들 사이의 관계와 차이는 구별되는 두 개의 영역에서 이루어지는데, 이들 영역은 각각 어떤 가치질서를 발생시킨다. 이 두 질서의 대립을 보면, 각 질서의 성격을 보다 잘 이해할 수 있다. 이 두 질서는 우리들 정신활동의 두 형태에 상응하며, 이 두 형태는 모두 언어의 삶에 필요불가결하다.

언어는 한편으로는 대화 속에서 낱말들의 연쇄에 의해 서로 관계를 맺는데 이 관계는 언어의 선형(線形)적 특성으로 말미암아 동시에 두 개의 요소를 발음할 수 없는 것이다. 이들 요소는 화언 연쇄상에서 하나씩 차례로 배열된다. 이러한 결합이 어느 정도의 공간적 길이를 그 바탕으로 할 때 이를 결합체(syntagma)라고 할 수 있다.(...)

한편 대화 밖에서는 어떤 공통점이 있는 낱말들이 기억 속에서 연상되어 매우 다양한 관계들이 지배하는 그룹들이 형성된다. 가령 enseignement(가르침)이라는 낱말은 무의식적으로 머리 속에 많은 다른 낱말들(enseigner(가르치다), renseigner(알려주다), armement(군비무장), changement(변화), éducation(교육), apprentissage(수습))을 떠오르게 할 것이다. 이들 모두는 어떤 식으로든 공통점(역주: 의미적이거나 음성적인 공통점)을 지니고 있다. 보다시피 이러한 등위 배열은 첫 번째 배열과는 전혀 다른 종류의 것이다. 이 배열은 공간적 길이를 바탕으로 하고 있지 않다. 이것은 두뇌 속에 자리잡고 있는 것이다. 이는 각 개인의 언어를 구성하는 내적 보고(寶庫)의 일부이다. 우리는 이를 계열관계라 부르자.

결합관계는 현존하는 것이다. 이것은 두 개 또는 그 이상의 사항에 바탕을 두고 있는데, 이들 사항은 실제로 구성되어 있는 결합 속에 모두 나타난다. 이와 반대로 계열관계는 기억의 계열 속에 있는 부재적 사항들을 연상시킨다.(....)" (Saussure, 1967:147쪽 이하)

언어의 계열축과 결합축 또는 이 두 가지의 언어적 질서는 우리의 정신활동을 가능하게 하는 본질적인 두 가지 형태에 상응하는 것이다. 왜냐하면 이 축은 우리가 언어행위를 하거나 언어적 사고를 할 때 잠시도 비켜갈 수 없는 언어와 사고의 가장 중요한 축이기 때문이다. 소쉬르는 이것을 우리의 언어적 삶에 '필요불가결한 요소'라고 정의한다. 소쉬르에 이어 구조주의 언어학의 대표 학자 중의 한 사람인 로만 야콥슨R. Jakobson은 이 '두 축의 접합점이 문학과 시학을 구성하는 요소'라고 말한다. (Jakobson, 1979a:94) 왜냐하면 시학적인 또는 문학적인 현상이 일어나는 부분은 바로 선택을 통한 계열축과 결합을 통한 결합축이 만나는 지점에서 일어나는 현상이기 때문이다.

아래에서는 계열축과 결합축을 설명하고 문학작품의 분석에 적용해 보자.

2.1 단락의 분절

주요 개념과 내용
· 단락나누기/단락분절
· 줄거리의 본질적 변화

계열축과 결합축을 응용하여 정립한 소설분석이론을 설명하기에 앞서 필요한 단락나누기에 대해 알아보자. 우리는 초등학교나 중등교육 때 비교적 짧은 텍스트를 읽고 난 후 텍스트를 단락별로 나누어보는 소위 '단락 나누기'를 해 본 경험이 있다. 이것은 전체 텍스트를 이루는 줄거리의 전개를 의미적으로 또는 줄거리의 전개상 서로 구분

되는 단위로, 텍스트의 부분 요소로 구분하는 것을 말한다. 본저에서 설명하려는 '줄거리의 분절화' 또는 '단락 분절'도 원칙에 있어서는 우리에게 익숙한 단락나누기를 좀 더 전문개념으로 표현한 것에 지나지 않는다.

하나의 텍스트는 형식적으로 서론, 본론 및 결론의 기승전결이 있듯이 비교적 짧은 텍스트라고 할지라도 특정한 주제와 이에 따른 전개과정을 가진다. 텍스트는 처음부터 끝까지 하나의 덩어리로 이루어진 것이 아니라 문제를 제기하는 서론, 개념을 설명하는 부분, 본론을 펼치는 부분, 주장을 뒷받침하는 예들을 제시하는 부분, 결론에 앞서 비슷한 사례를 통해 독자의 이해를 돕는 부분 및 결론과 호소 등 여러 가지 단락으로 구분되어 있다. 특히 문학작품의 줄거리는 다양한 내용과 변화를 맞으면서 진행된다.

〈나는 사과를 먹는다〉라는 문장을 예로 들어 설명해 보자.

이 간단한 예문을 단란 나누기의 관점에서 나누어 볼 때 세 단락, 즉 주어에 해당하는 '나는', 목적어에 해당하는 '사과를' 그리고 마지막으로 동사를 나타내는 '먹는다'로 구분할 수 있다. 따라서 우리는 예문을 3개의 단락으로 나눌 수 있다. 일상생활에서 일어나는 다른 예를 들어 보자. 우리는 저녁이면 텔레비전 연속극을 즐겨 본다. 연속극은 매 회마다 하나의 사건이 끝나고 다른 사건이 일어나는 것을 예고하는 긴장된 상황에서 끝나면서 시청자들의 궁금증을 자극하여 다음날도 연속극을 보게 만든다. 하나의 연속극이 10회에 종영이 될 때 우리는 그 연속극 전체를 10개의 단위, 즉 10개의 단락으로 구성된 하나의 연속극으로 볼 수 있다. 10회로 구성된 텔레비전 드라마를 한 편의 드라마로 볼 때는 중단없이 진행되는 것 같지만 10회로 나누어 볼 때는 매회가 끝날 때마다 줄거리 변화에 영향을 미치는 어떤 결정적 장면에서 끝나는 것을 우리는 목격한다.

하나의 텍스트나 문학작품도 내용과 줄거리 전개에서 서로 끊어지고 구분되는 상이한 내용을 가지고 있음에도 불구하고 많은 경우 외부적으로는 중단없이 일관된 흐름으로 진행되는 것 같이 보인다. 그러나 줄거리의 분절화를 통하여 독자는 표면상 나타나는 줄거리의 동질적이며 일관된 흐름을 차단하고 이의 연결로 이루어진 '의미'생성과 줄거리의 전개과정을 분석적으로 알아볼 수 있다.

하나의 작품은 동시적으로 진행되는 다양한 사건들의 복합적인 중층구조와 함께 동시적인 병렬적 줄거리 흐름을 가지는데 이렇게 복합적으로 진행되는 작품을 단락으로 분절하는 일이 쉬운 일은 아니다. 작품의 줄거리를 단락으로 구분할 때 생기는 어려움은 많은 수의 문학작품은 단락이 구분되어 있지 않을 뿐만 아니라 소설은 줄거리 전개에서 상이한 내용과 단락을 가지고 있음에도 불구하고 많은 경우 일관된 흐름에 따라 '자연적'으로 진행되는 것 같이 보이는 데서 발생한다. 그럼에도 불구하고 텔레비전 드라마나 위 예문에서처럼 작품은 단락으로 구성되어 있으며, 줄거리의 분절화 또는 단락의 구분을 통하여 독자는 표면상 나타나는 줄거리의 동질적 흐름을 차단하고 이질적 단락들을 연결하여 의미있는 줄거리를 생성하는 맥락의 규칙을 발견할 수 있을 것이다. (Wellbery, 1985:71쪽 이하)

그렇다면 단락구분은 어떻게 할 수 있는가?

우리는 이때도 우리의 옛 교육을 떠올릴 필요가 있다. 단락을 나누는 기준으로서 가장 중요한 것은 줄거리의 전개에서 앞뒤의 내용이 구분되며, 이 구분을 가능하게 하는 변화가 줄거리를 다시는 그 이전의 상태로 돌이킬 수 없는 어떤 본질적인 변화인가라는 점이다. 줄거리의 진행에서 어떤 본질적인 변화가 있었다면 우리는 단락을 분절할 수 있는 충분한 근거를 얻게 된다. 예컨대 친구처럼 지내던 두 남녀의 관계에서 한 사람이 상대방에게 사랑을 느끼기 시작하였다면 이 변화는 두 사람의 관계에서 이루어지는 줄거리의 본질적인 변화가 될 수 있을 것이다.

작품을 예로 들어보자.

『젊은 베르테르의 슬픔』은 크게 보아 네 단락으로 구성되어 있다. 첫째 단락은 베르테르가 로테를 만나 운명적인 영혼의 결합을 이루기 전까지며, 둘째 단락은 클롭슈톡의 장면 이후 진행되는 사랑의 환희와 고통의 단락으로서 로테를 사랑하게 되는 베르테르를 통하여 줄거리는 변화를 맞는다. 셋째 단락은 1부가 끝나고 공사관으로 떠난 주인공이 그곳에서 '시민과 귀족'이라는 신분사회에서 고통을 받다가 다시 로테에게 돌아오는 부분까지이며, 마지막 단락은 이후 파국적으로 진행되는 부분일 것이다. 이렇게 단락을 구분하는 이유는 매 단락의 분기점마다 줄거리의 흐름을 본질적으로 바꾸는 변화가 나타나기 때문이다. 이렇게 구분된 단락은 그 자체로서 관찰하면 그저 하나의 개별 단락에 지나지 않을 것이다. 그러나 우리는 이런 개별 단락들의 결합을 통하여 18세기 당시의 봉건주의 사회에서 감수성 강한 천재적인 시민 청년이 느꼈던 절망과 인습을 타파한 사랑을 통하여 이 절망을 극복하고 자신의 구원을 시도하지만 다시 한 번 철저히 파국을 맞게 되는 맥락이 서사과정에서 형성됨을 알 수 있다.

● 심화 텍스트

『벙어리 삼룡이』의 단락을 구분해 보고 그 이유를 설명해 보자.

● **모델 답안**

나도향의 『벙어리 삼룡이』는 6개 단락으로 구성되어 있다. 그러나 줄거리 전개의 맥락을 볼 때 네 개의 단락으로 구분하는 것이 적절해 보인다. 첫째 단락은 1장과 2장으로 구성되고, 둘째 단락은 3장으로, 셋째 단락은 4장과 5장으로 구성되며, 마지막 단락을 구성하는 것은 6장이다. 이렇게 구분한 이유는 1장과 2장에서는 삼룡이의 욕망이 아직 발현되지 않은, "외계의 압축을 받은" 정욕이 억제되는 "휴화산"의 단계에 있기 때문이며, 둘째 단락, 즉 3장에서는 주인집 아들의 결혼과 함께 "천사"같은 아씨에 대한 폭행과 이로 인해 생기는 동정에 의해 억제된 욕망이 꿈틀대며 "입 속에 침이 도는 본능"을 느끼는 욕망의 시작 부분이며, 세 번째 단락을 이루는 4장과 5장에서는 억압에서 벗어나며 분출되기 시작하는 욕망이 구체적인 사건을 통해 금기의 선을 넘어가는 부분이며, 마지막으로는 방화와 함께 죽음으로 끝나는 '화산의 폭발'이 일어나는 부분이다.

모든 개별 단락에서는 줄거리에 본질적인 변화를 일으키는 사건들이 전개되며, 이 사건들은 줄거리를 다시 돌아갈 수 없는 내용으로 변화시키기 때문이다.

2.2 계열축

주요 개념과 내용
· 연상작용
· 동시적
· 선택과 대체
· '부재'/잠재적
· 등가성(等價性)
· 이론적 선택 가능성과 실제적 선택의 차이

이제는 우리의 정신활동을 가능하게 하는 본질적인 두 가지 형태에 상응하는 언어적 질서, 즉 계열축과 결합축에 대하여 설명해 보자.

계열축은 언어적 사고를 담당하는 두 축 중의 하나이다. 계열축에서 일어나는 가장 중요한 활동은 대안적 의미에서 선택과 하나의 어휘를 다른 것으로 대체하는 기능이다. 이와 함께 계열축에서는 특정한 어휘가 불러 일으키는 연상작용에 의해 다수의 어휘들이 머리 속에서 잠재적으로 그리고 동시적으로 떠올라 존재한다. 소쉬르는 이 잠재적 상태를 '부재'라고 한다. 계열축에서 연상된 다양한 어휘들이 '부재'한다는 의미는 이 어휘들이 문자나 소리로 실제로 발화된 형태가 아니라 연상을 통하여 잠재적으로 존재한다는 것이다. 눈에 보이지 않고 귀에 들리지 않는다고 존재하지 않는 것은 아니다. 다만 그 존재 형태가 잠재적일 뿐이다. 이런 잠재적인 문장의 요소는 임의적으로 만들어진 것이 아니라 연상의 규칙을 따른 것이며, 그 언어적 연상은 언어를 사용하는 개인의 차이는 있지만 주로 의미론적, 음성학적, 형태론적 또는 실용적인 규칙에 따라 일어난다. 계열축에서 일어나는 '연상작용'과 '선택 및 대체의 원칙'을 "나는 사과를 먹는다"라는 예문을 들어 살펴보자.

우리는 위의 예문에서 '사과를...'이라는 말을 하거나 듣는 순간에 일차적으로는 '사과'라는 낱말이 가진 의미를 떠올리지만 거의 동시적으로 사과와 연관된 많은 것을 언어를 담당하는 우리의 뇌에서 연상할 수 있다. 우선은 국광, 홍옥, 부사, 감홍 등과 같은 다양한 종류의 사과를 연상하거나 또는 배, 수박, 참외와 같은 과일류를 떠올릴 수 있을 것이다. 이외에도 우리는 다과, 약과, 잘못에 대한 용서를 구하는 의미로서 사과 등과 같은 말들을 음성학적 유사성에 따라 떠올릴 수 있다. 또는 우리는 붉은 색깔과 연결된 것이나, 둥근 의미의 다른 사물을 연상할 수도 있다. 위 예문을 쓰거나 말하는 사람은 '사과'를 발화하기 직전에 '사과'의 위치에서 동시적으로 연상된 수 많은 등가적(等價的) 어휘들을 '눈 앞' 또는 뇌 속에 있는 '언어의 보고(寶庫)'에 가지고 있었다. 그리고 그는 이 여러 가지 가능성 중에서 '사과'를 선택하였다. 또 이 발화자는 이와 비슷한 방법으로 '먹는다'는 표현과 함께 떠올린 '마신다', '잡수신다', '처먹는다', '드신다', '깨물다', '씹는다' 등의 다양한 표현들 중에서 '먹는다'를 취함으로써 의미의 차이를 나타내는 선택적인 결정을 하였다.

이런 현상이 가능한 이유는 우리가 '사과'라는 표현을 보거나 듣는 순간에 우리의 잠재적인 언어의 창고에 있던 어휘들이 의미적, 음성적, 형태론적, 화용론적 또는 다른 유사성을 통하여 연상되기 때문이다. 그러나 그것은 실제로 발화되어 우리가 눈으로 보거나 귀로 들을 수 있는 것이 아니라 '부재', 즉 연상의 영역에 존재한다. 그리고 특정한 언어의 위치에서 연상된 어휘들은 '선택과 대체'의 관점에서 볼 때 동등한 등가적 가능성으로 생각될 수 있다. '등가적 가치'는 연상된 어휘가 특정한 위치에 들어가 다른 어휘를 대체할 수 있다는 의미에서 서로 동일한 언어적 가치를 지닌다는 뜻이다. 이런 어휘들은 대안적 선택가능성과 함께 대체 가능성을 나타낸다.

위에서 설명한 내용을 도표로 그려보면 다음과 같다.

너는 그는 **나는** 우리는	다양한 종류의 사과(국광, 홍옥 등) 배, 수박, 참외와 같은 과일류 다과, 약과, 사과(謝過), **사과**를 붉은 색깔과 연결된 것(태양, 입술...) 둥근 의미의 다른 사물 등(지구, 공...) 맛과 관련된 내용(시다, 달다...), 백설공주, 이브, 선악과, 에플 메킨토시, 김정은과 송해교의 BC-카드 선전모델, 빌헬름 텔 등	마신다 잡수신다 '처먹는다' 깨물다 **먹는다** 씹는다

이처럼 계열축에서 발생하는 언어현상은 연상적, 동시적, 등가적이며, 이로써 다양한 선택과 대체 가능성을 지시한다. 계열축에서 일어나는 어휘의 선택과 대체가능성은 이론적으로 선택될 수 있었던 다수의 가능성과 실제로 선택되고 발화된 언술의 차이점을 지시한다. 즉 계열축의 관점에서는 특정한 위치에 자리할 수 있었던 가능성은 항상 다수의 복수라는 것을 알 수 있으며, 이것은 텍스트가 발화된 것만이 아니라 이보다 훨씬 더 복합적인 중층구조, 그러나 '눈에 보이지 않는' '부재'의 구조를 동시에 갖고 있음을 알게 해준다.

계열축의 요소는 등가관계에 있으며(하나의 요소는 다른 요소에 의해 대체될 수 있다) 동시에 텍스트가 다르게 표현될 수 있었던 변화의 가능성을 지시한다. 왜냐하면 '선택'을 했다는 것은 여러 가지 가능성 중에서 발화자가 어떤 의도를 가지고 특정한 것을 배제함과 동시에 특정한 것을 선택했다는 의미이기 때문이다. 선택되었거나 배제된 다른 가능성에 대한 논의가 텍스트의 의도와 고유성을 이해하는 과정에서 중요한 의미를 가진다. 그것은 이론적으로 가능했던 많은 요소들 중에서 왜 다른 것은 배제되고 바로 '이것이 선택되었냐'라고 질문할 때 텍스트 및 서술자의 의도가 구체적으로 밝혀 질 수 있으며, 개별 문학작품의 고유성이 드러날 수 있기 때문이다. 이와 함께 문학은 의미적, 실용적, 역사적, 이데올로기 및 담론과 권력의 관계 속에서 만들어지는 문화적 창조물이자 산물임도 알 수 있기 때문이다.

문학작품과 연결하여 예를 들어 보자.

괴테의 『젊은 베르테르의 슬픔』에서 주인공은 사랑과 인습, 그리고 귀족과 시민이라는 갈등 속에서 이것이 최고조에 도달한 마지막 절망적인 상황에서 권총으로 자살을 한다. 베르테르는 또는 텍스트는 이 시점에서 어떤 다른 '연상된' 등가적 가능성을 갖고 있었을까? 이론적인 관점에서 보았을 때 주인공은 자신을 파괴할 수 있는 다양한 방법(자살, 타살, 다른 형태의 자살 방법 등)과 함께 파국을 피할 수 있는 가능성(도피, 포기, '정상적인' 삶으로의 회귀 등)도 동시에 갖고 있었다. 예컨대 그는 사랑의 고통을 혼자 간직한 채 먼 길을 떠나거나 수도원으로 들어갈 수도 있었을 것이며, 로테를 포기하고 다른 여인을 사랑할 수도 있었으며, 얼마 간의 방황 후에 다시 일상적인 삶으로 회귀할 수도 있었을 것이다. 그러나 이론적으로 가능했던 이런 가능성을 선택했다면 『젊은 베르테르의 슬픔』은 18세기의 시대정신을 극적인 방법으로 표현한 대표적 소설이 될 수 없었을 것이다. 이런 관점에서 18세기에 사랑을 위하여 권총자살을 한 선택은 이론적으로 가능했던 다른 가능성과 비교해 볼 때 매우 '파격적'인 선택이었을 것이다.

소설의 줄거리가 파국적인 상황으로 치닫는 과정에서 일어나는 일련의 주변 줄거리들도 마지막 파국을 준비함과 동시에 계열의 축에서 일어나는 병렬적인 사건으로 볼 수 있을 것이다. 과부 여주인을 사랑하다 그의 오빠에 의해 쫓겨난 후 여주인을 살해하는 머슴의 이야기, 베르테르가 좋아하던 호두나무가 새 목사 부인에 의해 벌목되는 이야기, 애인을 사랑하다 미친 젊은이 이야기, 오시안 번역 등이 여기에 속하는 이야기들이다.

● 심화 텍스트

『벙어리 삼룡이』에서 계열축이 어떻게 이해될 수 있는지 살펴보자.

● 모델 답안

『벙어리 삼룡이』는 사랑에 대한 인간의 본능과 사회적 억압의 대립적 갈등상황을 폭발적인 분출을 통하여 표현한 작품이다. 작품의 주인공은 이 갈등상황을 해소하기 위한 여러 가지 다른 가능성을 가지고 있었을 것이다. 특히 욕망이 구체적인 형태로 드러나는 두 번 째 단락에서는 주인 아씨가 삼룡이를 매정하게 대함으로써 그의 동정과 이에 따른 사랑이 아예 싹트지 못하게 하거나 삼룡이 스스로가 금기를 생각하며 자신의 끓어오르는 본능을 억제할 수도 있었을 것이다. 또는 마지막 방화 부분에서 삼룡이가 양반 아씨와 함께 죽는 것이 아니라 그녀를 유혹하거나 납치하여 멀리 도망가거나 그녀를 포기할 수도 있었을 것이고, 욕망을 강제로 해소하거나 욕망의 분출 대상을 바꿀 수도 있는 등 여러 가지 등가적 가능성이 있었을 것이다. 그러나 삼룡이는 그런 길을 선택하지 않고 아씨와 함께 죽음으로써 사랑의 감정을 충족시키지만 금기를 넘은 댓가로 죽음을 피할 수는 없었던 것이다.

2.3 결합축

주요 개념과 내용
· 결합작용
· '현존'
· 선형적
· 맥락의 형성
· 이론적 선택 가능성과 실제적 선택의 차이

이제는 두 번째 요소인 결합의 축을 살펴보자. 결합축은 '현존'하는 요소로서 선형(線形)적인 특성을 지닌다. '현존'한다는 것은 이 축을 구성하는 요소들이 말 그대로 시각적으로 또는 청각적으로 보고 들을 수 있도록 실재한다는 의미이며, '선형적'인 특성이라 함은 이 축에서 앞뒤 어휘들이 서로 연결되고 결합되어 있다는 것을 말한다. 결합축을 구성하는 중요한 작동구조는 말 그대로 앞뒤로

인접한 요소들 중에서 공통의 의미소를 통한 연관관계를 만들어 하나 이상의 요소를 이야기가 진행되는 순차적이고 선형적인 관점에서 결합하는 것이다. 언어학에서 사용하는 결합축의 개념 중에서 중요한 것은 두 가지 내용, 즉 하나 이상의 요소를 연결하는 결합의 관계와 이 요소들의 결합을 통하여 만들어지는 전후 문맥과 맥락의 형성이다. 소쉬르의 언어학을 발전시킨 로만 야콥슨은 결합축에서 언어장애가 일어나는 현상을 다음과 같이 설명한다.

"문장 내의 품사들 사이에 상호관계가 존재하지 않는 언어적 표현은 어휘들의 의미없는 연속일 뿐이며 이것은 의미있는 문장을 만들지 못한다.(...) 이런 언어장애는 문장의 범위와 다양한 형태를 가질 수 있는 가능성을 감소시킨다. 문맥을 형성하지 못하는 언어장애는 문장을 분해하고 의미없는 단어들의 반복현상으로 만든다." (Jakobson, 1979b:129－131)

결합이라는 말은 최소한 하나 이상의 요소가 모여 있다는 것을 전제로 한다. 그렇다면 무엇과 무엇을 어떻게 결합한다는 것인가? 다시 위의 예문 "나는 사과를 먹는다"로 돌아가 보자. 이 예문은 세 가지 요소, 즉 주어, 목적어, 동사로 구성되어 있으며, 이 요소들은 시간의 선상에서 차례대로 등장하는 선형적인 특징을 지니고 있다. 이 요소들은 계열의 축에서 확인할 수 있었듯이 관련된 요소들이 연상작용에 의하여 우리의 머리 속에 존재하는 것이 아니라 눈으로 볼 수 있고 귀로 들을 수 있는 발화된 '현존'의 상태로 존재하며, 이 세 가지 요소는 계열의 축에서처럼 다른 것으로 대체될 수 있는 등가적 요소로 존재하지 않는다. 이 세 개의 품사를 연결하여 하나의 완결된 문장으로 만드는 힘은 무엇인가?

그것은 바로 소쉬르가 주장한 '결합의 관계'와 함께 이것을 통하여 형성되는－야콥슨이 주장하듯이－ '맥락의 형성'의 규칙이 작용하기 때문이다. 결합의 관계는 문장이나 대화 중에 앞뒤로 인접한 요소들을 의미적, 화용론적, 형태적 및 통사적 연관관계에서 서로를 연결하여 하나의 의미있는 맥락으로 전환하는 것이다.

이런 결합의 관계는 우리의 일상생활에서도 자주 접할 수 있다. 예컨대 우리는 편지를 쓰기 시작할 때 첫 문장을 시작하는 것이 어렵지만 일단 문장이 시작되면 글이 자연스럽게 이어지는 경우를 경험한다. 이것은 글에는 내용을 연결하여 뜻을 이루어내려는 소통의 속성이 있으며, 이 소통의 배경에는 문맥형성의 원칙이 있기 때문이다. 이외에 문장의 선형적인 특성인 전후 맥락을 최소화한 상태에서 의사전달이 가능한 문체로서는 전보문체 또는 오늘날 핸드폰에서 많이 사용되는 메시지 문체 등을 예로 들 수 있을 것이다.

위에서 사용한 예문을 예로 들어 볼 때 언어실행자는

'나'라는 말을 한 후에 문장을 중단할 수 없다. 그 경우에 문장은 불완전한 문장이 되기 때문이다. 이외에도 우리는 '나는' 이라는 표현을 하는 순간 다음에 어떤 내용이 오는지와는 상관없이 최소한 인간에 관한 행위가 서술되어야 한다는 의미의 조응성을 요청 받게 된다. 왜냐하면 '나'라는 인간적 주어가 이런 내용을 요구하기 때문이다. 두 번째로 '나는 사과를...'을 표현한 순간 다음에 와야 할 품사는 동사이어야 하며, 이 동사는 사과와 관련된 사람의 행위를 나타내는 의미를 함의하여야 한다. 그렇지 않은 동사들, 예를 들어 '잠자다', '쓰다', '목욕시키다' 등의 동사는 올 수가 없다. 왜냐하면 이를 통해 유의미한 문장, 즉 맥락이 있는 문장을 만들 수 없기 때문이다. 예를 들어 우리는 '나는 사과를 듣는다'든지 '별이 사과를 잠재운다'라는 문장을 사용할 수 없다. 이러한 문장들은 통사적으로는 틀리지 않지만 의미적으로 맞지 않아 전후의 관점에서 맥락을 형성하지 못하기 때문이다. 간혹 우리가 이런 문장을 발견할 경우에 우리는 그 문장을 비이성적이거나 문법적으로 오류가 있는 문장으로 간주하거나 우리가 문학의 범주 내에서 수용하는 은유, 상징, 공감각 등의 표현으로 이해할 것이다.

이처럼 결합축은 현존하는 것으로서 전후 요소와 조응하는 결합적인 관계에서 성립되며, 이 모든 것은 의미적, 통사적, 화용론적 등의 관점에서 맥락의 형성이라는 원칙 아래서 이루어진다. 여기서 의미적, 통사적 관점은 그 의미가 상대적으로 분명한 반면에 화용론적 관점이란 무엇인가? 화용론적 결합원칙이라 함은 예를 들어 '나는 식당에 밥 먹으로 간다'라고 해야지 '나는 식당에 공부하러 간다'거나 "나는 식당에 사랑하려고 간다'라고 말하는 것은 우리의 일상적 언어 생활에서 생경스럽거나 실제로 잘 사용하지 않는다는 의미이다.

결합의 규칙에는 역사적 조건과 연결된 규칙도 있다. 이론적으로는 가능했지만 실제 역사에서는 불가능했던 요소들이 여기에 속할 것이다. 18세기 소설에서 '나는 사과를 먹는다'라는 표현은 가능했지만 '나는 사과를 믹서기에 갈아 마신다'라는 결합은 불가능했을 것이며, '유전자 조작'으로 생산된 사과라는 표현이 등장하기에는 실제적으로는 어려웠을 것이다. 하나의 문장은 이런 결합과 결합에 따른 맥락이 형성되었을 때 종결될 수 있으며, 의미를 가진 맥락을 형성할 수 있다.

지금까지 위에서 살펴본 결합의 축은 소설의 분석에 어떤 도움을 줄 수 있는가?

구조주의자로 불리는 일군의 언어학자와 문예학자들은 결합의 축을 소설의 줄거리를 생성하고 이를 분석할 수 있는 도구로 방법화하기 위하여 많은 노력을 기울였다. 줄거리의 진행과정을 시간의 순차적이며 사건 진행의 논리적인 관점에서 구축하려 하였고, 줄거리의 진행을 개별적 서술단위로 분석하여 서술의 통사법을 제시하려고 하였다. 이런 이론적 시도는 나름대로 분석적인 면을 갖고 있으며, 서술의 줄거리 진행을 이론적으로 설명하는 장점이 있다. 그러나 이 시도는 이론적이며 도식적인 면이 강하여 실제의 분석에 적용하기에는 적지 않은 어려움이 따랐으며, 따라서 복잡다기하게 전개되는 서술의 진행을 설명하고 서술의 통사법을 제시하는 데는 성공하지 못하였다.

그레마스는 서술의 전개과정을 두 가지 관점에서 설명하고 있는 데 첫째는 위에서도 언급한 '기본 서술프로그램'을 통해서, 그리고 둘째는 '등장인물 구도'에 따라 설명한다. (참조: Bremond, 1972:177－217;Barthes, 1988:102－143) 그러나 우리는 위에서 설명한 결합축의 관점에서 이 문제에 접근해 보려 한다. 우리는 위에서 살펴본 대로 어휘로 구성된 문장을 문학작품에 등치시켜 보려고 한다. 위에서 살펴본 결합의 규칙(의미, 통사, 화용론 등의 결합원칙)에 의해 두 가지 이상의 어휘들이 차례로 배열되어 일정한 공간적 길이를 가질 때 우리는 이것을 '문장'으로, 그리고 다수의 단락 혹은 장(章)이 결합하여 맥락을 가진 형태를 취할 때 우리는 이것을 '줄거리를 가진 소설'이라고 부를 수 있을 것이다. 이 경우 문장을 구성하는 개별 요소로서의 어휘를 작품을 구성하는 단락으로, 그리고 완결된 하나의 문장을 하나의 작품으로 확대하여 이해할 수 있을 것이다. 이처럼 문장에서 작품으로 확장된 구조적 유사성을 수용할 수 있다면 작품의 단락도 문장의 단위처럼 그 작품이 지닌 내적이며 내용적인 논리적 강제성과 개별 단락을 연결하여 맥락을 형성하면서 종결을 향하여 나아가는 결합으로 이해될 수 있다.

작품: l———l—————l—————l

나는 사과를 먹는다

문학작품과 연결하여 예를 들어 보자.

괴테의 『젊은 베르테르의 슬픔』은 크게 보아 위에서 살펴본 것처럼 네 단락으로 구성되어 있다. 이 네 단락은 각각 로테를 만나 운명적인 영혼의 결합을 이루기 전, 클롭스톡의 장면 이후 진행되는 사랑의 환희와 고통을 겪는 부분, 사랑의 고통을 피해 공사관으로 떠난 주인공이 그곳에서 '시민과 귀족'이라는 소주제에서 고통을 받다가 다시 로테에게로 돌아오는 부분 및 이후 파국적으로 진행되는 부분일 것이다. 단락으로 나뉘어진 개별 단락은 그 자체로서는 단락의 개별성만을 갖고 있지만 이런 단락들이 구성적으로 결합될 때는 18세기 당시의 봉건주의 사회에서 감수성 강한 천재적인 시민 청년이 느꼈던 절망과 파국을 맞는 맥락이 형성됨을 알 수 있다.

이 과정에서 베르테르 또는 텍스트는 매 단락이 끝나는 시점에서 우리가 위에서 살펴본 계열축의 관점에서 연상된 여러 가지 요소와 결합될 수 있는 가능성을 갖고 있었다. 예컨대 그는 사랑의 고통을 혼자 간직한 채 먼 길을 떠나거나 수도원으로 들어갈 수도 있었을 것이며, 로테를 포기하고 다른 여인을 사랑할 수도 있었으며, 얼마 간의 방황 후에 다시 일상적인 삶으로 회귀할 수도 있었을 것이며, 알베르트를 해치고 로테를 소유할 수도 있었을 것이다. 그러나 이런 이론적인, 즉 계열축에서 가능했지만 선택하지 않은 그래서 작품에서 구체화된 형상화와 줄거리의 결합을 통하여 사랑－환희－고통－파국의 맥락이 형성되며, 이런 맥락의 형성은 위에서 언급한 '기본 서술 프로그램'의 완성이라는 측면에서 이해될 수 있을 것이다.

작품은 독립적인 개별 단락의 모음이 아니라 씨줄과 날줄로 정교하게 짜여진 의미의 직조물이다. 그리고 개별적인 독립 단락을 하나의 주제 아래 수평적인 축으로 연결하는 것이 바로 결합관계일 것이다. 개별적인 문장이나 특정한 문학작품은 다수의 단락들을 임의적으로 연결한 것이 아니라 어떤 법칙 내지는 어떤 목적과 의도에서 연결된 것이다.

이처럼 작품의 단락도 문장의 한 단위처럼 그 작품이 지닌 내적이며 내용적인 논리적 강제성에 의해 결합되어 갈 것이다. 텍스트는 상이한 내용의 단락을 가지고 있음에도 불구하고 동질적 흐름을 유지하며 줄거리가 진행되고, 우리는 이의 연결로 이루어진 '의미'생성의 과정을 분석적으로 알아볼 수 있다. 다수의 단락으로 결합된 작품은 계열축에서의 선택된 가치가 결합축에서 맥락의 형성에 의해 하나의 줄거리로, 작품으로 결합된 것이다.

● 심화 텍스트

『벙어리 삼룡이』의 결합축을 분석해 보자.

● 모델 답안

4개의 단락으로 구분된 개별 단락은 그 자체로서는 단락의 개별성만을 갖고 있다. 그러나 이 단락들을 결합할 때 작품은 벙어리 삼룡이가 충정을 다해 주인을 섬기다가 '선녀'같은 주인 아씨가 매를 맞는 것을 보고 의분을 느끼게 되고 자신 또한 오해를 받고 쫓겨나면서 주인집에 불을 지르고 주인 아씨와 함께 산화하는 줄거리로 진행된다.

이러한 줄거리 진행을 통하여 '휴화산'처럼 억제된 삼룡이의 본능이 욕망의 시작, 억제된 본능의 표현과 금기의 위반, 폭발한 휴화산 등으로 연결되는 맥락이 구성됨을 알 수 있다.

2.4 계열축과 결합축의 종합

이제는 위에서 설명한 내용, 즉 단락의 구분, 계열축과 결합축을 종합해보자.

위에서 살펴본 것처럼 계열축과 결합축을 분석하기 위해서는 먼저 단락을 구분하여야 하며, 발화된 문장이나 작품의 줄거리가 서사화되는 과정은 항상 두 가지 관점에서 관찰되어야 한다. 이때 단락의 수는 너무 많지도 적지도 않아야 한다. 너무 세분화할 경우 자세하게 구분은 되지만 단락의 수가 많아서 이후 연결하는 부분에서 어려움이 발생하며, 너무 투박하게 구분할 경우에는 단락의 수가 적어 상대적으로 쉽게 연결하여 고찰할 수 있지만 단락의 변별성이 희박하기 때문에 이후의 분석에 크게 도움

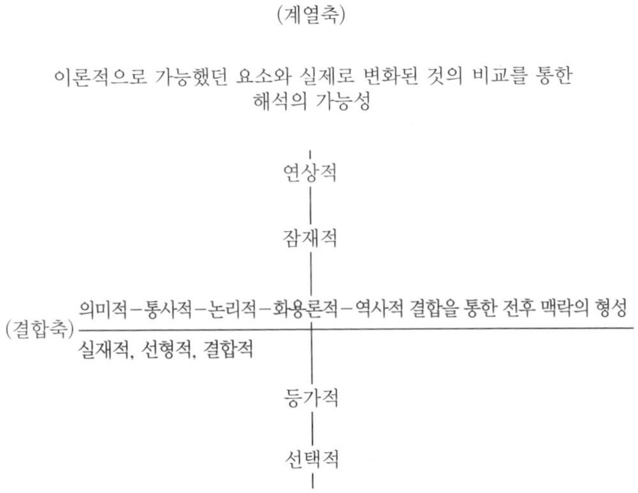

을 주지 못한다. 매 작품마다 단락의 수는 다르겠지만 줄거리를 본질적으로 변화시키는 단락을 기준으로 볼 때 대략 3－5개 정도가 가장 무난할 것이다.

계열축과 결합축은 위의 도표처럼 종합될 수 있다.

지금까지 위에서 살펴본 내용을 작품『젊은 베르테르의 슬픔』에 적용해 보자.

단락	1 단락 1771.5.4 ~ 6.16	2 단락 6.21 ~ 9.10	3 단락 10.20~72.6.16	4 단락 6.18 ~
	..... **로테와의 만남**	.... **사랑의 환희와 고통**	..... **시민과 귀족의 갈등**	..... **파국적 결말** 포기 도피 '정상'으로의 복귀

베르테르 또는 텍스트는 매번 하나의 단락이 끝나고 다음 단락이 시작하는 시점에서 '연상된' 그러나 동시에 '부재'하는 다른 등가적 가능성을 갖고 있었다. 예컨대 이론적인 관점에서 보았을 때 마지막 단락에서 주인공은 포기, 도피, 파국적 결말, 정상으로의 복귀 등 여러 가지 가능성을 갖고 있었지만 '파국적 결말'을 선택하여 앞의 요소와 결합하였다. 그리고 자신을 파괴할 수 있는 방법도 자해, 자살, 타살이 있었을 것이고 자살의 방법 또한 다양

했을 것이다. 베르테르는 로테를 순수한 이상으로 끌어올리고 물러날 수도 있었을 것이며, 이 경우에 베르테르는 살 수 있었을 것이다. 그러나 베르테르에게 사랑은 육체와 정신이 모여 새로운 영혼을 만드는 그런 것이었을 것이다. 이런 관점에서 18세기에 사랑을 위하여 권총자살을 한 선택은 이론적으로 가능했던 다른 가능성과 비교해 볼 때 매우 '파격적'인 선택이었음을 짐작할 수 있다.

언어학자이며 구조주의 문예학자인 야콥슨은 문학의 독창성이 계열축과 결합축의 규칙을 따르는 데 있는 것이 아니라(대부분의 통속소설이 이 경우에 해당됨) 바로 이 규칙을 위반하고 새롭게 창조하며 초월하는 데 있다고 한다.

●심화 텍스트

『벙어리 삼룡이』의 내용을 종합하여 정리해 보자.

●모델 답안

단락	1 단락	2 단락	3 단락	4 단락
장	1~2장	3장	4~5장	6장
주요 내용	..... **"휴화산"** ↗	**본능의 싹틈** ↘ 아씨의 매정 삼룡이의 자제	..... **금기의 월경** ↘	동반도피 납치 본능의 분출과 생존 **본능의 분출과 죽음**

이론적인 관점에서 보았을 때 삼룡이는 하나의 단락이 끝나고 다음 단락이 시작하는 시점에서 '연상된' 그러나 동시에 '부재'하는 다른 등가적 가능성을 갖고 있었다. 예컨대 욕망이 구체적인 형태로 드러나는 두 번째 단락에서 주인 아씨가 삼룡이를 매정하게 대하거나 삼룡이 스스로가 금기를 지키며 본능을 억제할 수도 있었을 것이다. 이와 마찬가지로 마지막 단락에서도 주인공은 사랑에 대한 인간의 본능과 사회적 억압의 대립적 갈등상황을 대폭 해소하기 위한 여러 가지 가능성을 가지고 있었을 것이다. 예컨대 삼룡이는 양반 아씨와 함께 죽는 것이 아니라 그녀를 유혹하거나 납치하여 멀리 도망가거나 포기할 수도 있었을 것이고, 욕망을 강제로 해소하거나 욕망의 분출 대상을 바꿀 수도 있는 등 여러 가지 등가적 가능성을 갖고 있었을 것이다. 그러나 삼룡이는 아씨와 함께 죽음으로써 잠자던 휴화산을 폭발하고 사랑의 감정을 충족시키지만 금기를 넘은 댓가로 죽음을 피할 수는 없었던 것이다.

이처럼 작품에서 형상화된 구체적 상황은 작품의 다른 선택가능성을 나타내며, 이런 의미에서 이 선택은 가능할 수 있었던 다른 요소들과의 비교를 통하여 그 역사적 한계와 의미 그리고 작품의 고유성을 함의하고 있다.

IX. 주제는 어떻게 생성되는가?

주제의 생성

주요 개념과 내용
· 주제의 생성 └→ 텍스트의 중층구조 └→ 등장인물의 구현가치 └→ 계열축의 선택과 결합축의 결합

우리는 주제, 주도동기 등이 무엇인가를 이해하는 것이 작품이해에 매우 중요하다는 것을 강조할 필요도 없이 잘 알고 있다. 우리가 작품을 읽고도 그 작품을 이해하지 못하는 것은 많은 경우 '주제'가 무엇인지 파악하지 못하는 데서 연유한다. 작품을 읽자마자 주제를 파악하는 것은 독서경험이 풍부한 사람에게도 여간 어려운 일이 아니다. 작품을 심도 깊게 이해하기 위한 가장 좋은 방법은 본저의 '들어가는 말'에서 이미 밝혔듯이 다양한 작품들을 많이 읽고 분석의 능력을 키우는 길이다.

작품의 주줄거리를 이루며 작품 전체를 관류하는 중심 소재를 일반적인 의미에서 주제로 이해한다면 이것은 어떻게 생성되며, 이것을 어떻게 분석적으로 확인할 수 있는가? 우리가 일반적으로 '소재', '동기', '주도동기' 또는 '주제'라고 말하는 것은 무엇이며, 우리는 어떻게 이것을 확인할 수 있는가? 우리는 어떻게 이런 주제나 의미의 생성과정을 작품의 외부에 존재하는 작가의 의도 등에 근거하지 않고 추론할 수 있으며, 또 담론층에서 형상화된 인물이나 사건을 통해 작품의 기본주제를 알 수 있는 서술이론적 방법과 근거는 무엇인가?

이런 질문들은 각기 아직 서술이론에서도 명쾌하게 해결되지 못한 문제들이다. 그러나 이런 문제를 해결하는 데 도움을 주는 방법이 있다. 우선은 위에서 설명한 모든 내용들, 즉 서술자, 문체, 시간, 수사적 표현으로서의 상징과 은유 등이 주제의 생성에 영향을 미치고 관여한다는 것은 별도의 설명이 필요없을 정도로 자명할 것이다. 이외에 본저의 관점에서 작품의 주제를 이해하는 데 도움을 주는 내용은 크게 세 가지 방법으로 종합될 수 있다. 여기서는 세 가지 방법을 위에서 설명한 내용을 고려하면서 요약해 보자.

첫째는 텍스트를 의미생성적이며 중층구조적인 관점에서 바라보는 의미 생성적 '중층구조이론'이다. 왜냐하면 우리가 예컨대『젊은 베르테르의 슬픔』에서 확인할 수 있는 '시민과 귀족 계급의 갈등 및 자연적 사랑과 인습적 제도의 갈등'이나『벙어리 삼룡이』에서 확인할 수 있는

'본능과 사회적 제도 및 인습' 등과 같은 작품의 주제는 독자가 담론층에서 직접 확인할 수 있거나 직접적으로 접근할 수 있는 것이 아니라 심층, 표층 및 담론층을 통하여 점진적으로 생성되고 형상화되는 요소이기 때문이다. 이 내용을 우리는 위 '텍스트의 중층구조'에서 심도 있게 살펴보았다.

두 번째로 작품의 주제를 파악하는 데 도움을 주는 방법은 작품 속의 등장인물이 체현하거나 구현하는 가치를 꼼꼼히 살펴보는 것이다. 우리는 각각의 등장인물들이 수행하는 말과 행동을 통해 그들이 추구하는 이념이나 가치를 알 수 있으며, 이런 관점에서 유추된 가치를 '등장인물 구도'에 대입할 때 작품의 전체적인 구도와 작품이 추구하는 의도를 어느 정도 파악할 수 있다. 등장인물 중에서도 특히 주인공이 지향하는 가치와 이념, 그가 사용하는 언어와 구현하는 행동 등에서 우리는 작품이 지향하는 주제를 유추할 수 있다. 왜냐하면 작가는 의도적이든지 그렇지 않든지에 관계없이 작품을 창작하는 과정에 앞서 어떤 주제를 설정할 것이며, 아직은 보이지 않는 무형적인 가치로서의 주제는 작품의 형상화 과정에서 유형적이며 가시적으로 전환되어야 하기 때문이다. 이와 동시에 주제를 형상화하는 가장 좋은 방법 중의 하나가 담론층에 등장하는 구체적인 인물을 통하여 이 가치를 형상화하는 것이기 때문이다. 무형적인 가치가 심층, 표층 및 담론층을 통과하면서 구체화되는 과정을 우리는 다음과 같이 그려볼 수 있을 것이다. 예컨대 가장 깊은 곳의 심층에서는 '살아있는 것과 죽은 것', '동물과 식물', '남성적인 것과 여성적인 것', '정상적인 것과 비정상적인 것', '높은 것과 낮은 것' 등의 의소들이 의미의 그물망, 즉 기호학적 사각형을 통해 하나의 의미체로 구성되며, 표층에서는 이런 의소들이 모여 의미소나 특정한 행위를 하는 기능주, 즉 주어와 객체 등의 개념으로 응집되며, 담론층에서는 이것이 특정한 인물인 행위자, 즉 베르테르, 로테, 삼룡이, 아씨 등으로 형상화되어 나타난다.

마지막으로 주제의 생성과 형성에 직접적으로 관여하는 것은 특히 우리가 위에서 살펴본 텍스트의 계열축과 결합축에서 일어나는 선택과 결합의 결과로 나타난 효과일 것이다. 계열축에서 가능할 수 있었던 다양한 선택과 결합축에서 가능했던 결합을 통해서 예컨대 『젊은 베르테르의 슬픔』에서는 18세기 봉건주의 사회에서 재능이 출중한 청년이 느꼈던 수난과 고통, 사랑의 환희와 절망 등이 형상화되어 주제로 독자에게 전달되는 것이다.

X. 작품의 시대적 역사성을 어떻게 알 수 있는가?

역사적 담론분석

주요 개념과 내용
· 탈역사적/작품내재적 해석
· 등장인물구도의 보편성과 구체적 실현의 차이
· 계열축과 결합축의 이론적 가능성과 실제적 선택 및 결합의 차이
· 비교문학적 관점
· 담론분석 ↳ 사회의 분화영역과 다양한 담론들 ↳ 제도화된 언술 ↳ 담론의 네 가지 구성영역: 지시체계, 언술주체, 교차담론, 물질성과 전략

우리는 III)장, IV), V)장에서 소설텍스트를 구성하는 요소들(사실보고와 허구적 서술, 중개성, 서술자, 서술문체, 시간구조)을 살펴보았다. 그리고 VI), VII), VIII), IX) 장에서는 거시적인 관점에서 소설의 구조(소설의 중층구조, 등장인물, 텍스트의 서사화, 결합관계와 계열관계, 주제의 생성) 등을 살펴보았다. 이런 방법은 의미를 생산하는 작품의 구조를 분석하기 위해 반드시 필요하며, 이를 통하여 소설을 좀 더 구체적으로 파악하고 분석할 수 있

는 수준은 되었다. 그러나 이것만으로 문학작품에 대한 분석과 해석이 끝났다고 주장할 수는 없다. 왜냐하면 우리는 지금까지의 설명과 분석과정에서 소설을 이해하는 중요한 관점 하나를 고려하지 않았기 때문이다. 우리의 분석과 해석은 주로 텍스트 내적인 부분, 즉 텍스트의 구성요소와 구조의 파악에 치중하였고 텍스트의 내재적 요소가 내포하고 있는 역사성과 텍스트가 위치한 역사적 환경은 간과하였다. 이 경우 우리의 분석과 이해가 다분히 탈역사적이며 작품 내재적 해석이라는 비판을 면하기 어려울 것이다.

그러나 우리의 이런 구분적 접근방법은 다분히 의도적이었다. 왜냐하면 소설을 이해하고 해석하는 과정을 네 단계로 나누어 볼 때, 첫째는 작품의 줄거리에 대한 정확한 이해이며, 둘째는 작품에 대한 치밀한 분석이며, 셋째는 이 분석에 근거한 시대역사적 해석이 따라야 하기 때문이다. 그리고 마지막으로 작품이 주는 메시지가 오늘과 이곳의 역사적 현장에서 나에게 무엇을 의미하는가라는 문제와 연결될 때 작품은 비로소 생명력을 가진 메시지로서 우리에게 전달되기 때문이다. 문학작품을 학문적으로 이해할 때 가장 어렵고 중요한 부분은 바로 두 번째 단계인 분석의 단계이다. 왜냐하면 텍스트의 분석은 매우 정치한 학문적 방법론과 응용을 전제하기 때문이며, 심층적인 분석이 선행되지 않는 해석은 많은 경우 개인의 단편적인 감상이나 주관적인 인상이 강조되는 경우가 많아 작품의 분석과 이해에서 경계해야 할 부분이기 때문이다.

텍스트 분석의 궁극적 목표는 구성요소와 구조에 대한 분석을 통하여 텍스트를 전체적으로 조망하고, 분석에 따른 효과를 밝히고, 나아가서는 작품의 시대적 역사성을 알아보는 해석의 단계로 나아가야한다. 따라서 작품에 대한 분석이 어느 정도 진행된 현 시점에서 우리의 관심은 텍스트의 내적구조에서 외부적 역사로 옮아가야 한다.

괴테의『젊은 베르테르의 슬픔』을 이해한다는 것은 무엇을 의미하는가? 그것은 괴테가 누구인지, 어떤 교육과 사상을 가졌는지, 작품을 집필하게 된 구체적인 배경은 무엇이었는지, 그가 살았던 시대가 어떠하였는지 등을 아는 것임은 강조할 필요도 없는 가장 기본적인 사항일 것이다. 그리고 우리가 주로 앞장에서 살펴보았던 내용들, 즉 어떤 유형의 서술자가 등장하며, 어떤 문체가 사용되고, 어떤 시간 개념이 등장하는지, 어떤 상징적 요소들이 사용되는지 그리고 그런 서술자, 문체 및 시간이 불러 일으키는 서술적 효과가 무엇인지를 밝히는 일이다.

그렇다면 작품의 구조분석에 치중한 내재적 분석과 외부와 관련되는 문화적이며 시대역사적인 독법은 어떻게 연결될 수 있을까?

보편적이고 탈역사적인 구조분석을 역사적으로 전환

하여 읽어내는 데에는 우리가 위에서 살펴본 등장인물 구도가 시사적인 예를 제시한다. 왜냐하면 이론적이고 보편적인 특징을 지닌 등장인물 구도가 각 시대와 문화적 맥락에 따라서 실현되는 구체적 내용이 다르기 때문이며, 우리는 바로 이 차이의 이유를 문화적이며 역사적인 관점에서 질문할 수 있기 때문이다. 예컨대 유럽문화권에서는 용, 즉 드래곤이 악한 역할을 하는 반면에 동양 문화권에서는 신성한 역할을 하는 것에서 문화의 차이를 읽어낼 수 있으며, 이 차이의 문화－역사적 배경에 관해 질문할 수 있다.

아래의 도표는 이론적이며 보편적인 등장인물 구도에 각각 다른 세계관의 관점에서 구체적 행위자를 관찰한 것이다. (Greimas, 1991:165쪽 이하) 진하게 인쇄된 부분은 보편적 틀로서의 기능주 모델이며, 첫 번째 '◇' 안의 행위자는 고전주의 시대의 철학을 나타내며, 두 번째 '()' 안의 행위자는 유물론적 세계관의 관점에서 살펴 본 구체적인 행위자들이다. 이 도표에서 보편적인 성격을 지닌 이론적 틀은 변화하지 않지만 문화적 맥락과 시대에 따라 그 내용을 채우는 요소가 문화적이며 역사적 배경에 따라 달라짐을 알 수 있다.

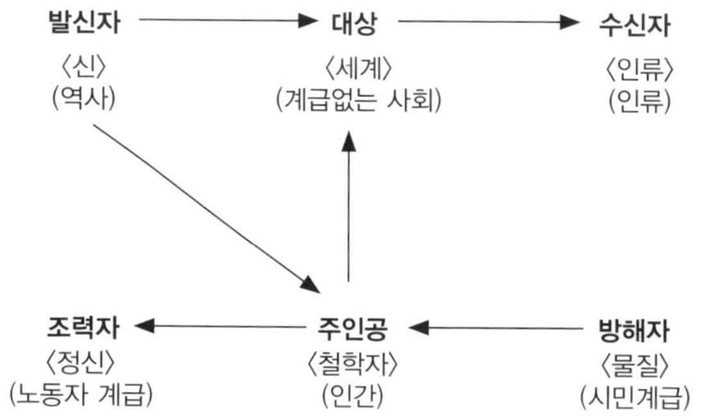

이외에도 우리가 위에서 살펴본 계열축과 결합축의 관점에서 시도한 분석의 결과를 역사적 관점과 비교문학적 관점에서 심화할 수 있다. 베르테르는 파국의 시점에서 자신을 파괴할 수 있는 다양한 방법(자살, 타살, 여러 종류의 자살 방법 등)과 함께 파국을 피할 수 있는 가능성(도피, 포기, '정상적인' 삶으로의 회귀 등)도 동시에 갖고 있었다. 이런 관점에서 18세기의 봉건사회에서 사회－정치적으로 야기된 갈등과 고통을 사랑을 통하여 승화하려던 노력이 실패하자 권총으로 자살을 한 베르테르의 선택은 이론적으로 가능했던 다른 가능성과 비교할 때 매우 '파격적'인 선택임과 동시에 그 한계를 지니고 있을 것이다.

다른 작품과의 비교 관찰로 우리는 독일작가 렌츠 Jakob M.R. Lenz의 『가정교사Der Hofmeister』를 들 수 있을 것이다. 괴테의 『젊은 베르테르의 슬픔』과 같은 해인 1774년에 발표된 『가정교사』는 주제와 줄거리 진행에서 괴테의 작품과 매우 유사한 점을 지니고 있다. 시민계급 출신인 주인공 로이퍼는 가정교사로 들어간 귀족의 집에서 그의 딸인 구스첸과 신분을 뛰어넘는 사랑을 하게 되고 그녀는 로이퍼의 아이를 갖게 된다. 귀족과 시민이 계급적으로 엄격히 구분되는 신분사회에서 로이퍼와 구스첸의 사랑은 당시의 봉건사회적 질서의 근간을 훼손하는 중대한 도전이자 범죄이다. 작품에서 로이퍼는 자신의 잘못을 스스로 깨닫고 이런 자성과 후회의 결과로서 자신의 남성성을 스스로 거세한다. 이로써 로이퍼에 의해 훼손된 봉건사회의 신분질서는 다시 정상적으로 복구되고 사회는 평온을 찾게 된다는 줄거리다.

동일한 시대에 동일한 주제, 즉 신분과 제도, 그리고 사랑을 통한 이의 극복을 다루고 있지만 계열축에서 선택된 가치가 결합축에서 의미있는 맥락으로 형성되어가는 과정은 두 작품이 확연히 다르다. 괴테의 소설이 당시에 말해질 수 있었던 담론의 규칙과 시대의 한계를 개인적인 차원에서 초월한 것이라면 렌츠의 작품은 초기에는 신분사회의 질서를 훼손하지만 그 훼손을 스스로 더욱 가혹한 희생을 통해 복구함으로써 결과적으로는 그 시대의 지배적 정신을 견고하게 재생산하는 다분히 시대순응적인 것이다.

문학은 역사와 시대정신의 소산이기도 하지만 동시에 역사와 시대를 선취하고 초월하는 기능을 가지고 있으며,

개별 작품의 창의성은 시대의 담론적 규칙을 파괴할 때 나타난다. 따라서 문학작품을 이해하고 해석하는 것은 그 속에 내재한 '깊은 의미'를 의미론적이며 해석학적으로 밝히는 것이 아니라 작품을 유의미하게 만드는 담론적 요소를 찾는 것이다.

다시 작품의 시대적 역사성으로 돌아가자.

어떻게 역사적 의식을 갖고 작품을 읽을 수 있으며, 작품이 지닌 시대성을 읽어낼 수 있는가? 정신사적, 문학사적, 사회문화학적 또는 유물론적 관점 및 위에서 설명한 여러 가지 방법이 가능할 것이다. 그러나 본저에서는 작품을 역사적 배경에서 이해하고 작품이 지닌 시대성을 고찰하기 위한 적절한 방법론은 미셸 푸코의 관점에서 이해된 '역사적 담론분석'이라고 생각한다. 왜냐하면 작품의 내부구조에 대한 분석이 진행된 다음의 절차는 그 분석의 내용을 그 작품이 위치한 역사적 조건과 배경에서 관찰하는 것이며, 역사적 담론분석은 담론 형성의 역사적 과정을 '고고학적'으로 밝히고 그것이 시대의 문화 및 지배적인 권력과 연결된 관련성을 '계보학적'으로 밝힘으로써 작품의 역사성을 조명할 수 있게 하기 때문이다.

그렇다면 '담론분석'이란 무엇인가?

담론은 개인과 개인이 만나 나누는 개인적인 대화나 대담이 아니라 사회적으로 규정된 말하는 방법이다. 사회는 수많은 일상의 영역(예: 취미생활, 개인생활, 가정 등)과 분화된 노동의 영역(예: 정치, 경제, 학문, 문화 등)으로 구성되어 있다. 그리고 이 수 많은 영역은 자신의 분화형태와 특수성에 따라 만들어진 말하는 방법, 즉 담론(일상담론, 정치담론, 스포츠 담론, 종교담론, 군사담론, 의학담론, 사법담론, 성(性)담론, 학문적 담론, 정상과 비정상에 대한 담론, 특정한 주의(－ism) 등과 관련된 담론 등)을 가지며, 이런 개별담론들은 오랜 세월 동안 축적된 지식으로 이루어진 것이다. 예컨대 군사담론과 종교담론은 그 담론을 구성하는 내용, 역사, 지식, 영역, 영향 등이 다르며, 그 담론을 구사할 수 있는 주체도 군인과 성직자 등으로 다르다.

푸코는 개별담론을 "동일한 (담론)형성체계에 속하는 제도화된(institutionalized) 언술의 집합"이라고 정의한다. (Foucault, 1981:156－170) 예컨대 특정한 담론은 이 담론을 형성하는 '제도화된 언술의 모음과 집합'이라는 의미이며, 따라서 담론을 이해하는 핵심은 '제도화된 언술'에 대한 이해다.

우선 '제도화된 것'이라는 개념을 예를 들어 설명해 보자.

일상의 생활에서 일반적으로 전제되는 '인사'는 다양한 방법, 즉 '안녕하세요?'라는 말을 하거나 그냥 간단히 고개를 숙이는 묵례로서 표현될 수 있다. 이때의 표현은 곧 사라지는 연기처럼 일회적인 표현일 뿐이다. 그러나 이 임의의 일회적 표현이 어떤 규범성과 물질성을 갖고 반복적으로 사용되면서 일반 사회생활의 상식적인 규범과 처신을 규정하는 요소가 될 때는 '제도화된 일상담론'의 언술이 되었다고 정의할 수 있다. 아파트의 승강기에서 이웃사람을 만났을 때 '오늘 날씨가 참 좋습니다'라는 표현은 날씨에 관한 정보를 전달하려는 것보다는 관습화된 일상담론의 한 형태를 수행하는 것이다. 아침 출근시간에 사장을 만났을 때 인사(인사를 하는 방법은 다양할 수 있다)를 하지 않는 것은 단순히 그 표현을 하지 않았다는 것에 그치는 것이 아니라 제도화된 사회생활로서의 일상담론을 수행하지 않고 그 제도를 훼손했다는 것이며, 이것은 경우에 따라서는 직장을 떠나야 하는 제재로 되돌아 올 수 있다는 예에서 언술의 규범성과 영향력(일종의 '물질성')을 알 수 있다. '제도화되었다'라는 의미는 어떤 표현이 특정한 담론을 구성하는 요소로서 규범성, 물질성을 갖고 반복되는 것을 말한다.

이젠 '언술' 개념을 설명해 보자.

'언술'은 언어적이거나 몸짓과 같은 비언어적 표현이지만 단순한 표현이나 문장이 아니라 담론을 구성하는 제도적인 의미를 지니는 표현이다. 즉 임의의 어떤 언어적 표현이 일회적인 표현으로 사용된 후 사라지는 것이 아니라 담론을 구성하는 제도화된 요소로 사용될 때 우리는 그 표현을 '언술'이라고 정의할 수 있다.

하나의 담론이 생성되고 기능하기 위해서는 제도화된 언술이 사용되는 네 가지 구성영역이나 언술의 역사적 조건이 존재해야 한다. 그 네 가지 구성영역이나 언술의 역사적 조건이 무엇인가? 우리는 언제나, 아무 곳에서나 아무 말을 마음대로 할 수 있는 것은 아니다. 예컨대 조선의 중기 시대에는 오늘날에나 가능한 인터넷 문화를 말할 수 없었다. 그런 말을 한 사람이 있었다면 그는 정신병자로 취급되었을 것이다. 인터넷에 관한 표현이 실없는 소리가 아니라 의미 있는 말이 되기 위해서는 어떤 조건(컴퓨터와 관련된 기술적, 문화적, 역사적 조건)이 필요하다. 푸코는 이 조건을 네 가지로 종합한다. 그것은 첫째는 어떤 표현이 근거하거나 의미를 가질 수 있는 허구적이거나 실제적인 지시체계, 둘째는 언술을 규범적이며 제도적으로 구사할 수 있는 언술 주체, 셋째는 언술이 관계 맺을 수 있는 주변 영역의 교차담론들, 그리고 마지막으로는 언술이 반복적으로 행사될 수 있는 물질적 존재와 전략이다.

예컨대 군사담론이 존재하기 위해서는 특정한 표현이 의미를 가지고 근거할 수 있는 지시체계(군대)가 있어야 하며(만일 군대가 없다면 군대에 관한 표현은 무의미하고 실없는 소리가 될 것이다), 그 담론을 구사할 수 있는 주체(군인이나 군사전문가)가 존재해야 하며, 그 담론이 연결될 수 있는 주변 담론(동지와 적, 과학과 기술담론, 희생, 군산복합체 등)이 있어야 하며, 마지막으로는 이런 담론을 지속적으로 존재하게 하는 어떤 전략과 물질성(징집제도, 국방예산, 군대의 존재를 의식하게 하는 행사나 사건 등)이 있어야 할 것이다.

담론은 동일한 대상과 영역에 속하는 제도화된 언술의 모음과 집합으로서 위에서 언급한 네 가지 구성영역이나 역사적 조건을 갖춘 말하고 생각하는 방법이다.

푸코의 관심은 이런 담론을 구성하는 지식의 생성과정을 하나씩 하나씩 마치 '고고학적 방법으로 발굴'하여 설명하는 것이며, 담론-지식-권력의 관계를 서로 연결하여 '계보학적'으로 밝히는 것이다. 따라서 담론의 형성과 효과를 분석하는 것은 바로 이 제도화된 언술의 규칙을, 담론과 비담론적인 제도 및 그들이 행사하는 실기와의 경계를 밝혀내는 작업이다.

그러나 문학은 역사적 담론분석이 주분석 대상으로 삼았던 지식이나 지식만은 아니며, 역사적 담론분석은 문학을 분석하거나 해석하는 문예학이론도 아니다. 그렇다면 지식의 생성과 그의 사회적 기능에 대하여 연구하는 담론분석과 문학이 연결되는 접점은 어디인가? 그 지점은 역설적이게도 푸코가 작품을 해석하는 가장 기본적인 방법인 기의의 잉여성을 부정하는 다분히 '반해석학적'

주장에 근거한다. 담론분석은 하나의 어휘에서 다른 어휘로 끊임없이 이동하며 연결되는 사전의 무한한 설명이나 거울 속의 거울과 같은 기의의 무한정한 유희와 같은 해석학의 기본출발, 즉 기표를 통하여 기의를 밝히는 해석(Exegese)을 거부한다. 담론분석에서는 기표의 뜻을 밝히기 위하여 그 기표가 지시하는 기의를 찾을 것이 아니라 특정한 기표나 표현이 의미와 힘을 가지고 나타나는 영역, 즉 언술의 조건과 그 영역을 분석하고 발굴해야 한다. 담론분석이 시사하는 문예학적 결론은 작품 안에 숨겨지고 은폐된 '비밀스러운 뜻'을 밝히거나, 끊임없는 기의의 잉여성을 통하여 해석에 해석을 중복하는 것이 아니라 작품이 지닌 담론의 역사적 조건을 밝혀 의미의 유한성, 역사적 존재양식 및 작품의 시대성을 역사적 조건과 배경에서 드러내어 밝히는 것이다. 간략히 예를 든다면, 우리가 위에서 설명한 것처럼 일상담론에서 수행하는 '안녕하세요?'라는 표현이 지닐 수 있는 의미를 다양한 관점에서 해석하는 것이 아니라 그 일회적 표현이 의미를 가질 수 있는 영역, 즉 담론의 조건을 밝히는 것이다.

아래에서는 네 가지 부분, 즉 지시체계의 형성, 서술주체의 제도적 위치, 담론의 주변 영역, 서술의 전략을 중심으로 작품의 역사성을 설명해 보자.

● 심화 텍스트

다음 텍스트는 어느 국회의원실에서 선거를 앞두고 배포한 보도자료이다. 이 텍스트에서 어떤 유형의 담론적 요소들이 나타나는지 살펴보자.

"(...) 대통령은 국가의 원수로서 한 나라의 최고 통치권자이며 모든 행정을 통할, 통솔하고 국가를 대표하는 직책이다. 대통령의 지도력과 통솔력에 따라 국가의 흥망성쇠와 국민의 복리가 좌우되므로 망망대해를 항해하는 커다란 배의 선장처럼 대통령의 리더십은 아주 중요하다. 배를 운행하는 선장(대통령)은 선원(장관)들을 잘 선발하고 안전한 항로(정책)를 파악하여 즐겁고 희망에 찬 여행이 될 수 있도록 승객(국민)을 잘 모셔야 한다. (...) 정치지도자를 잘 뽑아야 올바른 정책이 나오고 정치를 잘 해야 경제가 발전하고, 국가가 발전하여 사회가 안정되고, 가정이 행복하게 된다. 우리가 이 지구상에 태어나서 하늘의 각본에 따라 우주 드라마 상에서 각자의 배역을 잘 수행하여 진아(참된 나)의 완성을 이루도록 도와주는 것이 참 지도자 역할이라고 본다. (...)"

● 모델 답안

위의 텍스트에는 정치담론(대통령, 국가원수, 통치권, 통솔력 등), 해항담론(배, 망망대해, 선원, 항로, 승객, 한국호 등)과 연극담론(하늘의 각본, 드라마, 각자의 배역 등)의 요소들이 나타난다. 이런 담론적 요소들이 모여 대중적인 정치담론을 형성한다.

1. 지시체계

주요 개념과 내용
· 언술의 역사적 조건
· 언술의 시대적 시점, 공간적 지점, 내용적 체계

어떤 표현이 뜻이 없는 중얼거림이 되지 않고 의미를 가지기 위해서는 그 표현이 근거할 수 있는 역사적 시점, 공간적 지점 및 내용적 체계를 가진 '지시체계'가 있어야 한다. 코페르니쿠스가 주장한 "지구는 태양 주위를 돈다"라는 표현이 지동설 이전에는 '거짓'이었으나 이후에는 자연과학적 사실로 받아들여지고 있는 것과 같이 어떤 주장을 진리 또는 거짓으로 규명할 수 있는, 즉 하나의 언술이나 문장을 무의미하거나 유의미하게 만들 수 있는 시간적－공간적－체계적 영역이 바로 지시체계이다. 특정한 언어적 표현은 텍스트화됨과 동시에 계열적－인식적 축과 결합적－통사적 축과 연결됨으로써 이 관계가 만들어내는 상징적 체계들의 연속을 통해 의미나 진리가치를 부여받을 수 있거나 없는 문장이나 명제를 만든다.

이런 점에서 모든 언술은 자신이 표현하는 것 속에서 객체들의 영역에 근거하며, 이 객체들의 질서 및 특수한 규칙들은 어떤 언술이 의미가 있거나 없는 또는 '진리'나 '거짓'이 될 수 있는가라는 조건들을 나타낸다. 이 조건을 우리는 언술의 '역사적 조건'이라 부르며, 이러한 역사적 조건들이 담론을 특정한 시대, 공간과 영역 속에 개별적으로 자리 매겨주는 것이다.

문학텍스트가 역사적으로 특정화된 어떤 대상성의 영역 내에 있는가를 알아내는 것은 작품이해에 매우 중요한 부분이다. 예를 들어『젊은 베르테르의 슬픔』을 중세 이후부터 전래되는 애정이나 연예소설의 전통에서 볼 것인지, 아니면 18세기부터 더욱 첨예하게 나타나는 초기 시민문학의 효시적인 소설로 그 위상을 정하느냐에 따라 작품의 해석방향과 작품이 의미를 가지며 등장하는 지시체계가 달라진다.

『젊은 베르테르의 슬픔』을 전쟁 중에도 갖고 다니며 일곱 번이나 읽었다고 하는 나폴레옹은 1808년 10월 2일에 독일 에어푸르트에서 괴테를 접견하고 베르테르의 자살을 염두에 둔 듯 '왜 순수한 사랑의 감정을 상하게 만들었냐'고 물었다고 한다. 나폴레옹이 이 작품을 '사랑'의 관점에서 읽었음을 시사하는 부분이다. 비슷한 예로서 우리나라에서 이 작품을 처음 번역할 때 원제목『Die Leiden des jungen Werthers』의 Leiden을 원제의 뜻에 보다 근접한 '수난'이나 '고난', '괴로움'이나 '고통' 등으로 번역하지 않고 다분히 멜랑콜리한 느낌을 주는 '슬픔'으로 번역한 것은 이 작품이 전거할 수 있는 지시체계를 미리 정해 이후 이 작품을 읽는 독서방향을 사전에 정향하는 효과가 크다고 볼 수 있다. 우리 말에서 '슬픔'과 '수난'이 지시하는 의미나 지시체계는 분명히 다르다.

작품 『젊은 베르테르의 슬픔』을 '지시체계'와 연결하여 볼 때 제기되는 문제 중의 하나는 당시의 봉건적 사회에서 이해되기 어려웠던 개인이 느낀 사랑과 사랑 때문에 '죽음의 병'에 이르는 감성에 대한 이해이다. 여기서 우리는 개념사적이나 전기적 또는 사회학적 기대지평을 열고, 그 속에서 사랑과 죽음의 의미를 해석학적으로 묻는 것이 아니라 이 죽음이 어떤 조건 아래에서 유의미하거나 무의미한 것으로 이해될 수 있는가라는 질문을 그의 지시체계 속에서 밝혀야 한다.

베르테르의 사랑에 대한 격정과 자살에 대한 정당성 주장은 당시의 봉건주의적 관점에서나 이성적인 알베르트의 관점에서는 이해하기 어렵고 '의미'없는 광기이며, 지극히 비이성적인 행동일 것이다. 그리고 이 작품을 봉건주의 신분사회에서 개인의 구현을 원천적으로 박탈당한 영민하고 감성이 풍부한 시민계급의 청년이 사랑을 통해 자신을 구원하려는 개인적인 노력으로 볼 때 그의 '죽음에 이르는 병'은 개인적인 것이며, 이 작품은 애정소설의 범주에 머무를 것이다.

그러나 이 작품에 나타난 감성과 사랑의 분출을 고양

된 시민의식으로 볼 때 이 작품의 지시체계는 달라진다. 이 작품의 시대적 배경은 중세 봉건주의가 몰락하고 새로운 계급으로서의 시민계급이 등장하는 18세기 중엽이다. 17/18세기에 생성된 시민적 가치는 궁정문학과의 결별로 새롭게 시작되는 시민문학의 규범성, 귀족과 시민간의 갈등과 시민계급의 등장, 공공성의 등장, 이성과 천재성의 강조, 시민문학에 합당한 주제(예: 시민 비극) 및 감성의 강조 등이다. 이성은 종교와 신분사회로부터 탈피하고자 하는 정신의 강조이며, 천재성의 강조(예: 질풍과 노도시대의 문학)는 일반적인 세계와 피안의 세계를 넘나들 수 있는 틀로서 귀족에 비교하여 시민과 작가의 우월성을 증명하는 틀이며, 감성의 자유처럼 시민계급에 합당한 주제의 강조는 귀족계급과의 구분을 통해서 시민계급 고유의 문학을 이루려는 시도이다. 이것은 새로운 제도와 질서를 요구하는 시민사회의 표현일 것이다.

● **심화 텍스트**

국내의 독자들에게 널리 알려진 카프카의 『변신』의 지시체계를 고찰해 보자.

● **모델 답안**

『변신』의 지시체계와 관련하여서는 우선 두 가지 질문

이 제기된다. 첫째는 현실적 경험세계에서는 불가능한 그레고르의 '변신'이 의미를 가질 수 있는 역사적이며 실증적인 지시체계에 관한 문제이며, 둘째는 그레고르가 갑충으로 변신한 상황에서도 다섯 시에 출발하는 기차를 탈 생각을 하거나 누이를 음악학교에 보낼 것을 걱정하는 '어이없는' 행동에 대한 이해이다. 여기서 우리는 전기적, 사회학적 또는 정신분석학적 기대지평을 열고, 그 속에서 '변신'과 '무의미한 행동'의 의미를 해석학적으로 묻는 것이 아니라 이것이 어떤 역사적이며 실증적인 조건 아래에서 의미 있는 것으로 변할 수 있는가라는 질문을 그의 지시체계 속에서 밝혀야 한다.

17/18세기의 시민사회를 거치면서 더욱 공고화된 가족주의는 정치적으로는 봉건주의에 대항하는 시민적 가치(사랑, 인간애, 희생, 자연적 질서로서의 혈연 등)와, 경제적으로는 산업사회 발달 이전의 경제구조에 기반을 두고 있다. 그러나 19세기 말과 20세기 초에 시작된 산업화와 대도시화는[20] 인간의 삶의 형태를 본질적으로 변화시켰다. 이것은 시민사회의 조건과 도덕적 가치에 근거한 가족주의를 형태만 유지한 채 내용은 이제는 하나의 이데올로기로, 자본주의적이며 기능적으로 훈련된 담론으로 변화시켰을 것이다. 이처럼 도덕적 가치에 근거한 가족주의와 이제는 예전의 형태만 간직한 채 내용은 이미 오래 전에 기능적으로 훈련된 가족주의로 변해버린 지시

체계 속에서 작품『변신』은 그 비인간적 현실의 의미를 부여받을 수 있을 것이다.

그레고르가 변신한 직후에도 출장이나 가족 문제를 걱정하고 있는 '어이없는' 행동은 가족주의 담론의 조건과 내용이 이미 오래 전에 변했음에도 불구하고 변하지 않은 것처럼 행동하는 데서 기인한다. 그는 지난 담론의 영향과 미망에서 벗어나지 못하고 있다. 갑충으로 변했음에도 불구하고, 가족적-인간적 사회로부터의 격리에도 불구하고 그는 아무 일도 일어나지 않은 것처럼 또는 담론의 조건이 전혀 변화하지 않은 것처럼 행동한다.

그레고르는 '변신'의 초기에는 "추호도 가족을 떠날 생각을 하지 않았으나" 매몰차게 담론의 변화에 적응한 누이의 부추김에 따라 가족에 대한 '감동'과 '사랑'을 간직한 채 마지막 숨을 내쉰다. 그레고르는 근대에도 중세의 기사처럼 살 수 있다고 믿었던 돈 키호테처럼 형태와 내용이 달라진 담론 사이에서 혼란을 겪고 있는 희생자이며, 그의 죽음 후 그의 가정은 담론적 효과에 의해 존속될 수 있다.

2. 주체의 위치

주요 개념과 내용
· 개인과 담론주체의 차이
· 담론주체의 제도적 위치
· 서술진행과정의 주어와 담론의 주체
· 언술주어와 담론주체의 이질성

담론이론에서의 주체는 우리가 일반적으로 생각하는 선험적 주체나 작품을 창작하는 개인으로서의 작가를 지칭하는 것이 아니라 담론을 수행할 수 있는 주체와 그의 제도적 위치를 말한다. 이렇게 이해된 주체는 제도적으로, 담론적으로 규정된 빈자리이고, 이 빈자리는 담론적 자격을 갖춘 임의의 개인에 의해 채워지고 수행된다. 아무나 설교를 할 수 있는 것은 아니며, 아무나 대학에서 강의를 할 수 있는 것이 아니며, 아무나 법정에서 변론이나 논고를 할 수 있는 것은 아니다. 그러기 위해서는 어떤 자격을 갖추어야 할 것이다.

개인은 담론이 정한 규칙과 방법에 따라 다양한 담론의 언술주체로 구체화될 수 있다. 예컨대 가정에서는 가족주의 담론을 구사하는 가장으로서, 회사에서는 자본주의 담론을 구사하는 직장인으로서(그가 만일 사법부에 근무한다면 판사로서, 군대에 근무한다면 직업군인으로서), 취미생활로 하는 주말 축구회에서는 스포츠 담론을 수행하는 담론의 주체가 될 수 있을 것이다. 그러나 우리는 상이한 표현의 형태와 상이한 담론주체의 이질성을 선험적인 주체로 환원하거나 선험적 주체의 의도가 무엇인가라고 묻는 것이 아니라 언술을 발화하고 담론을 행사하는 주체의 제도적 위치를 물어야 한다. 왜냐하면 특정한 표현이나 언술이 의미를 가지는 것은 누군가가 이 표현을 했기 때문이 아니라 그 표현을 한 언술주체의 위치가 확인될 수 있을 때 비로소 의미를 가지기 때문이다. 또한 개인이 지닌 정체성의 동질성이나 존재론적 성격이 중요한 것이 아니라 담론을 행사하는 주체의 제도적 성격과 그의 이질성이 강조되기 때문이다.

문학텍스트는 담론적 관점에서는 적어도 두 가지 분석층위로서 나타난다. 첫째는 서술된 줄거리와 서술진행과정 사이에서 일어나는 현상으로서－우리가 Ⅲ)장의 '서술자의 탈인성화'에서 언급한 것처럼－서술진행과정의 주어가 담론의 주체가 되기 위해서 거치는 과정이나 시뮬레이션을 들 수 있을 것이며, 둘째는 플롯 내에서 일어나는 현상으로서 여러 가지 대화와 다양한 유형의 언술주어가 지시하는 담론주체의 모습을 살펴볼 수 있을 것이다. 예컨대 우리는 위에서 서술자의 현상을 설명하면서 그 현상이 불러일으키는 서술효과를 분석하였다. 그러나 다양한 서술자가 어떻게 자신 스스로를 구축하며, 무엇을 통하여 서술의 흐름 속으로 틈입하며, 어떤 담론의 영역으로부터 오며, 그리고 서술자로서의 정당성을 어떤 담론으로부터 부여받는가 등에 대해서는 고찰하지 못하였다. 서술자의 변화는 담론영역의 전환으로서 담론의 주체가 되기 위하여 어떤 담론적이며 서술적인 조건을 갖추어야 하는가의 질문으로 연결된다. 또한 다양하게 구체화되는 언술주체는 곧 주체－위치의 이질성을 지시한다고 볼 수 있으며, 어떤 언술이 의미를 가지는 것은 누군가가 이 표현을 했기 때문이 아니라 그가 행사하는 담론주체의 위치가 규정될 수 있기 때문일 것이다. 우리는 앞서 신경숙의 『엄마를 부탁해』에서 다양한 형태의 서술자로 인해 발생하는 이해의 어려움을 그 서술자를 가족주의 담론으로 귀속시켜 이해하는 예로 살펴보았다.

『젊은 베르테르의 슬픔』에서 나타나는 서술자 현상과 베르테르의 주체위치의 변화를 살펴보자. 이 작품은 서간체 소설로서 일인칭 서술자가 등장한다. 그러나 소설이 시작되는 부분의 '독자에게 보내는 편집자의 글'과 2부의 종반 부분에는 편집자가 등장한다. 이처럼 편집자를 등장시키는 이유는 일차적으로는 기술적인 문제일 것이다. 자살한 주인공이 스스로 자료를 모아 책을 편집할 수는 없다. '독자에게 보내는 글'은 베르테르가 죽은 후 그의 자료를 모아 편집할 인물이 필요하였기 때문이며, 2부의 12월 6일 이후의 부분에서 편집자가 등장하는 이유는 주인공이 최고조의 갈등상황을 겪는 며칠 사이에 일어난 일에 대하여 스스로가 자료를 수집하고 서술하기에는 어려웠을 것이며, 그를 대신해 줄 인물이 필요했기 때문일 것이다. 그러나 이런 편집자의 등장은 주인공 스스로가 표현하지 못하는 이야기를 하기 위한 서술전략일 수 있으며, 동시에 소설을 영웅서사시나 다른 장르에 비해 하류적이고 저급한 것으로 생각했던 당시의 통념을 불식시키기 위한 전략으로 파악된다. 이 때 편집자에게서 강조되는 것은 사건을 있는 그대로, "양심적"으로 전달하는 진실성과 가장 가까이에서 이 사건을 목격한 편집자의 신빙성이다. 18세기에 서술진행과정의 주어가 담론적 주체가 되기 위해서는 두 가지 요소, 즉 '진실성'과 '신빙성'이 매우 중요하게 작용하였음을 알 수 있다. 이것은 또한 우리가 위의 '지시체계'에서 언급한 새로운 역사적 주역으로 등장하는 시민계급의 자의식과도 무관하지 않을 것이다.

줄거리 내에서 주인공이 차지하는 담론의 주체위치는 어디인가?

'주체위치'의 관점에서 볼 때 주인공 베르테르는 담론 주체의 위치를 갖지 못한 개인으로 볼 수 있다. 그는 당시의 봉건주의적 담론을 거부하는 주체이기는 하지만 자신의 말을 전거할 수 있는 시민사회적 담론은 아직 정립되지 못한 시대에 살고 있는 인물이기 때문이다. 담론에서는 그의 인간적 존재가 중요한 것이 아니라 그가 주체로 자리를 차지할 수 있는 담론이 제도적으로 존재하는지 그리고 그가 비어있는 주체역할을 수행할 수 있는 자격을 갖추었는가의 문제가 중요하기 때문이다. 귀족이나 알베르트와의 대화에서 그는 진심을 다하여 자신의 주장을 펼치지만 그의 말이 전거할 수 있는 담론의 조건이 성숙되지 않음으로써 그의 목소리는 비이성적인 사람의 목소리로 치부될 뿐이다. 귀족은 개인으로서는 베르테르를 이해하지만 봉건주의적 담론에서는 그를 제외시키며, 소시민적 덕목과 이성적 가치관을 따르는 알베르트는 베르테르를 이해하지 못한다. 담론의 조건이 성숙되지 않은 상황에서 외치는 베르테르의 목소리는 광인이나 비이성적인 자의 목소리일 뿐이다. 베르테르가 사랑에 '미쳐버린' 하인리히라는 청년을 주위 사람보다 더 잘 이해하는 것도 이런 맥락에서 이해될 수 있다. 로테만이 유일하게 새로운 담론을 구사하는 베르테르의 마음을 이해하고 그를 사랑하지만 그녀는 시민적 담론의 영역에서 벗어나려고 하지 않는다.

베르테르의 비극은, 대다수의 인물들이 구시대의 담론의 조건에서 주어진 역할을 성실히 수행하는 반면에 그 혼자만이 담론의 조건이 성숙하지 않았음에도 불구하고 새로운 담론 내에서 주어진 주체 위치를 주장하는 데 있다.

결국 인간의 존재론적 개인과 선험적인 주체가 중요한 것이 아니라 한 개인이 행사하는 제도 내의 담론의 위치가 중요하며, 이 점에 비추어 볼 때 이 작품에서는 새로운 담론을 창조하는 개인의 희생을 볼 수 있다. 18세기의 주체의 위치는 봉건주의적 신분사회를 비판하는 주체이며, 인간은 사회적 지위와 신분에 따라 정해지는 것이 아니라 이성의 능력과 창의력에 따라 규정된다는 시민들의 의식과 정서를 인간의 본질적 속성으로 보편화하려는 주체이며, 자신의 성장을 관찰하며 내면 속으로 도피하는 주체이며, 인습화되거나 제도화된 사랑보다는 자연적 사랑을 지고의 가치로 지향하는, 즉 감성을 강조하는 주체이다.

● 심화 텍스트

카프카의 『변신』에 나타난 등장인물들의 주체위치의 변화를 살펴보자.

● 모델 답안

'변신' 전까지의 그레고르는 소시민적 - 자본주의적 가족주의 담론 내에서 확고한 주체 위치를 가지고 있었다. 그러나 '변신' 후의 그의 존재는 '무의미'하다. 그 까닭은 그가 가족주의 담론의 중요한 핵심을 이루고 있는 자본주의적 주체로서의 역할을 할 수 없기 때문이며, 이로써 주체위치를 상실하기 때문이다. 담론에서는 그의 인간학적 존재가 중요한 것이 아니라 담론의 주체역할을 수행할 수 있는가의 여부가 중요하다. '변신' 후 가족과의 사이에서 일어나는 대부분의 갈등과 그의 처연하기 짝이 없는 '인간적' 노력은 그가 갑충이 된 후에도 – 이로써 그가 수행할 수 있는 담론의 조건이 근본적으로 바뀌었음에도 불구하고 – 지난 담론의 조건에서 규정된 주체로 행동하려고 하는 데서 비롯된다. 소시민적 덕목과 가치관('신성한 자연적' 질서에 근거한 혈연 공동체, 사랑, 인간애, 자기실현, 가족과 이웃에 대한 배려, 희생정신 등)과 자본주의적 질서에 근거한 가족주의 담론 내에서 변신한 그레고르가 차지할 수 있는 주체의 위치는 없다.

그레고르의 '변신'을 통해 생겨난 빈 담론의 주체 위치를 누가 채울 것인가? 아버지는 경제적인 능력이 없는 무기력한 상태였지만 본래 그에게 주어진 가부장적 역할을 회복한다. 그는 가족주의 담론이 붕괴되는 위험이 닥쳐올 때 은행 수위의 제복을 입고 재등장한다. 그레테는 오빠의 '변신' 전까지는 '쓸모없는 소녀'였으며, 가족주의 담론에 기생하는 이름 없는 존재였다. 그녀는 오빠의 '변신' 초기에는 그의 '변신'을 용인하는 듯한 모습을 여러 군데에서 보인다. 그러나 가족주의 담론이 붕괴되는 위험한 순간 그녀는 "우리는 인간이 할 수 있는 최선의 노력을 기울였으며, 어느 누구도 우리를 비난하지 못할 것이다"라고 단호하게 말하며, "괴물Untier"을 버림으로써 위협받는 담론을 복원시키는 결정적인 역할을 수행한다.

그레고르의 '변신'을 통해 생긴 빈 주체의 자리는 아버지와 그레테에 의해 채워지게 될 것이다. 그들은 조화로운 일상성으로 돌아가 따뜻한 봄날의 산책을 즐길 수 있을 것이며, 그레테는 성실한 남편을 만나 복원된 가족주의 담론 안에서 행복을 느낄 것이다.

3. 교차담론

주요 개념과 내용
· 담론의 상호관련성과 이질성
· 담론의 교차점과 효과

언술과 개별 담론은 홀로 존재하는 것이 아니라 항상 다른 언술 및 담론과의 관계 내에서 존재하는 특성을 가지며, 다른 언술과의 관계 속에서 현실화되거나 거부되거나 또는 반복되거나 전제될 수 있다. 예를 들어 판사가 법정에서 청소년 범죄자에게 선고를 내리면서 '그의 유년기의 불우한 환경, 정신질환 등을 고려하여 선처를 내린다'고 할 때 그 속에는 사법적 담론이 정신병리학적 담론과 함께 나타나면서 이 보다 한 단계 상위적인 담론, 즉 '인본주의적 온정주의' 담론이 생산되는 모습을 볼 수 있다. 이런 각각의 담론 요소들이 상당히 이질적임에도 불구하고 어떻게 상호관계성 속으로 들어가는가라는 질문이 제

기된다. 이것은 이론적으로는 가능했던 언술과 담론 중에서 어떤 언술과 담론이 실제로 선택되거나 배제되면서 어떤 다른 언술들의 시리즈를 구축하는가라는 언술의 조건에 관한 문제와 연결된다. 그리고 특정한 언술이 실현되었거나 실현되지 못한 것에 대한 설명은 어떻게 되어야 할 것인가의 문제이다.

이 내용을 문학작품에 응용해 볼 때 작품은 작가의 주체적 의도가 생산하는 동질적 사건이 아니라 이질적인 담론들이 만나는 교차점으로 이해될 수 있다. 텍스트 구상은 폐쇄된 텍스트의 자율적이며 의미적인 분석을 통해서라기보다는 오히려 텍스트의 담론적 주변영역을 통하여 구체화될 수 있다. 해석학적 입장에서 작가의 주체적인 의지로 나타나는 의미나 의도 등이 이질적인 담론형성과 실천 내에서 작가 주체가 처한 역사적 위치로서 좀더 명확하게 파악될 수 있으며, 문학 텍스트는 역사적으로 기술할 수 있는 '교차담론'의 영역에 나타나는 특정한 연결점을 나타낸다고 할 수 있다. (링크, 1994:270쪽 이하) 따라서 우리는 언술과 담론의 복합체 내에서 어떤 언술과 담론들이 서술화되는가에 대한 질문은 이 보다 상위적인 단계에서 확인할 수 있는 인식소나 담론에 관해 질문함으로써 그 답을 구할 수 있을 것이다.

『젊은 베르테르의 슬픔』에서 우리는 금지된 욕망과 허

용된 욕망으로 이루어진 성(性) 담론, 신분제도에 근거한 봉건주의 담론, 자연주의 담론, 개인과 천재의 능력과 감성에 근거하는 시민사회 담론, 호머－오시안－클롭슈톡－레싱으로 이어지는 시민문학담론, 이성과 합리성 등의 시민사회적 가치관에 근거한 시민사회 담론, 자살을 무분별한 감성의 넘침이 아니라 윤리적이고 도덕적 자유를 지키기 위한 방편으로 고양시킨 '죽음에 이르는 병', 정상과 비정상으로 이루어진 심리학적 담론, 종교적 담론, 18세기 시민사회에 팽배했던 멜랑콜리 담론들이 등장함을 확인할 수 있다.

우리는 작품을 이질적 담론들의 얽힘과 그의 교차점으로, 그리고 이런 담론들이 행사하는 권력의 효과로 보아야 할 것이며, 바로 이 점에서 『젊은 베르테르의 슬픔』은 18세기에 가장 민감하였던 이 다양한 담론의 교차점에 위치하고 새로운 담론, 즉 봉건주의에 저항하는 시민담론을 형성하려고 했기 때문에 더욱 많은 효과를 불러올 수 있었을 것이다.

● 심화 텍스트

카프카의 『변신』에 나타나는 다양한 동시대적인 담론들을 살펴보자.

● 모델 답안

『변신』에서는 가족주의 담론이 가장 중요한 담론으로 등장한다. 그러나 이외에도 이 작품에는 매우 다양한 담론들이 함께 나타난다. 금지된 무의식의 욕망과 허용된 욕망으로 이루어진 성(性) 담론, 경제적 생산능력과 무능력으로 이루어진 산업사회의 자본주의 담론, 시민사회적 가치관(인간애, 사랑, 희생, 자연적 질서로서의 혈연공동체 등)에 근거한 가족주의 담론, 정상과 비정상으로 이루어진 의학적 담론, 인간학적 전제 없이 내던져진 존재로서의 실존주의 담론, 형식화된 종교적 담론 등의 담론적 인식소로 이루어진 이질적 담론들이 등장함을 확인할 수 있다.

우리는 작품을 작가의 의도에 따라 동질적 담론으로 이루어진 의미물로 볼 것이 아니라 이질적 담론들의 얽힘과 그의 교차점으로, 그리고 이런 담론들이 행사하는 권력의 효과로 보아야 할 것이다. 언급한 담론들의 개별적 요소들이 하나의 그물망으로 종합될 때 그의 결과로서 '연합담론Dispositiv der Diskurse'이[21] 형성되며, 이 연합담론의 '덫'에 걸린 그레고르에게 구원의 가능성은 좀처럼 주어지지 않는다.

4. 전략

주요 개념과 내용
· 담론과 비담론적 실기(정치, 경제 등)
· 연합담론
· '연출'로서의 문학
· 문학의 전략

담론의 '전략'은 담론과 비담론적 실기(정치－경제적 심급, 사회－정치적 투쟁, 경찰력 또는 군사적 무력, 담론을 수행할 수 있는 자격의 획득 등)와 이들의 연합에 관한 부분으로서 다양한 담론들을 어떻게 가장 효과적으로 투입할 수 있는가라는 담론의 구도 및 연합담론과 연결되는 부분이다. 이것은 이론적으로 가능할 수 있었던 담론과 담론 또는 비담론적 실기 사이에서 일어나는 선택, 배제, 연합 등의 양상을 일컫는다. 다르게 말하면 이론적으로 가능한 담론의 연합가능성 중에서 왜 특정한 담론이나 비담론적 실기는 연합되며, 다른 특정한 담론이나 비담론적 실기는 배제되는가라는 질문이다. 이것은 예를 들어 여러 개의 정당 중에서 어느 정당이 어떤 정당과 연합하여 정부를 구성하는가라는 문제에 비유될 수 있다. 이때 형성되는 특정한 결과는 임의적인 선택이 아니라 지식과 권력, 이데올로기 등의 상위심급의 개입에 의해 영향을 받는다.

문학은 그러나 지식, 권력 그리고 이데올로기와 동일시될 수 없으며, 오히려 이러한 것들의 '연출'로 이해될 수 있다. 이런 관점에서 우리의 관심은 여러 가지 담론실기들을 결합시키려는 정치적으로 계산된 의도에 따라 문학이 어떻게 투입되는지, 정치적인 개입이 어떤 검열제도로 나타나는지, 이에 대항하는 작가들은 자신들의 문화적인 당위성을 지키기 위하여 어떤 방법이나 전략을 도입하는지 등을 분석해 보아야 할 것이다. 오늘날의 사회가 노동영역의 세분화로 특징지어진다는 점을 감안할 때 담론과 비담론적 실기가 어떻게 만나며, 여러 가지 담론실기들을 결합시키기 위하여 서술이 어떻게 투입되는가를 살펴보는 작업은 흥미롭고 또한 중요하다. 여러 가지 상이한 담론실기(문학, 종교, 군사, 의학, 사법담론 등)들의 경계는 많은 경우 행위갈등으로 표출되며, 이 행위갈등은 경우에 따라서는 서술행위를 통하여 통합, 순화 또는 첨예화되기도 한다. 반대로 이질적인 담론 실기들이 그때 마다 자신의 특수성에 따라 체계 특수적으로 표현된다면 이러한 서술은 다른 담론과 자신을 구분하는 기능을 하게 될 것이다. 이외에도 욕망과 담론이 서로 어떤 위치를 가지는가에 따라 선택과 배제의 심급이 달라질 수 있다. 이때 담론은 실제로 기만적인 연출의 장소, 상징화의 요소, 금기의 형식, 추론된 만족의 도구 등이 될 수 있다. 예로부터 문학은 금기의 장소로, 상상의 장소로, 유토피아의 장소로, 피안의 장소로, 불가능한 일이 가능해지는 장소로, 검열을 피해가는 장소로 활용되었던 점을 우리는 잘 알고 있다.

『젊은 베르테르의 슬픔』은 18세기에 씌어진 소설이며, 문학사조사의 관점에서 볼 때 이 작품은 "질풍과 노도" 시대에 속한다. 18세기의 독일과 유럽은 중세 봉건주의 사회가 서서히 쇠락의 길로 들어선 시대이며, 동시에 새 시대인 시민사회의 담론이 형성되고 이 사회의 주인공인 시민들이 역사와 담론의 주체로서 등장하기 시작하는 시대이다.

이 작품에서는 우리가 위에서 살펴본 서술자와 편집자의 등장과 같은 많은 작품 내적 요소들이 서술적 전략으로 발견된다. 그러나 여기서는 작품의 역사성에 초점을 맞추어 고찰해 보자. 봉건주의 담론과 그의 주체의 해체와 동시에 시민사회 담론의 형성과 그의 주체의 등장은 이 작품에서 크게 특히 세 가지 관점에서 고찰될 수 있을 것이다. 첫째는 이 작품은 서구 시민사회가 성장하기 위해 필요했던 감성적 주체의 등장을 예고한 것으로 이해될 수 있다. 베르테르는 종교적 단계로까지 승화시킨 자신의 절대적 사랑이 당시의 윤리적 도덕과 일치할 수 없음을 알았지만 둘 다 포기할 수 없는 상황에서 두 가지 모두를 구원하는 차원에서 자살을 한다. 이것은 귀족들과 구분되는 고양된 시민적 도덕성을 나타내며 동시에 경계넘기와 위반을 통해 새로운 도덕의 가능성을 보여줌으로써 감성적이며 윤리적 주체의 탄생을 의미한다. 두 번째 전략은 문학적 글쓰기와 자기구원과 관련된 것이다. 『젊은 베르테르의 슬픔』이 발표된 지 50년이 된 1824년에 괴테는 에커만과 나눈 대화에서 '나는 살았고, 사랑했고 그리고 많은 고난과 아픔을 느꼈다'고 말한다. (Goethe, 1981:540) 괴테는 자신이 베츨러에서 만난 샬로테 부프와의 이룰 수 없었던 사랑, 유부녀를 사랑하다 자살한 친구 예루살렘의 비극이 이 작품을 쓰게 된 직접적 동기였다고 말한다. 또한 괴테는 현실과 문학의 경계가 거의 사라지는 듯한 몽환적인 4주 동안에 이 작품을 집필했다고 고백한다. 자신의 모든 것을 쏟아 부음으로써 그리고 주인공의 죽음을 통하여 작가인 괴테 자신은 살아남을 수 있었는지 모른다. 우리는 이 속에서 사랑의 연출로서의 작품의 전략과 문학을 통해 자신을 파괴적으로 표현하면서 동시에 자신을 구원하는 전략을 볼 수 있다. 작품의 주인공은 불행하게 죽었지만 작품은 오늘날도 변함없이 읽혀지고 있다는 사실을 통해서 그는 '경계넘기'와 '위반'을 통해 새로운 삶의 가능성을 제시하는 문학의 가능성을 간파하였는지 모른다. 세 번째 전략은 문학의 역할일 것이다. 이 작품에서는 중요한 고비마다 문학작품이 인용되며, 이 작품들은 상황을 본질적으로 전환하는 핵심적 역할을 한다. 클롭슈톡의 시를 통하여 주인공과 로테는 영혼의 일치를 이루며, 호머의 작품을 통하여 주인공은 귀족사회로부터 받은 모욕을 극복하고 위안을 받으며, 오시안을 통하여 슬픈 사랑을 고백하며, 〈에밀리아 갈로티〉를 통하여 자신의 죽음을 정당화한다. 삶과 죽음, 삶의 존재양식마저 변화시키는 18세기 당시의 문학적 역할을 알 수 있다.

● 심화 텍스트

카프카의 『변신』에서 사용된 서술적 전략은 무엇인가에 대해 생각해 보자.

● 모델 답안

『변신』에서 사용된 서술적 전략은 무엇인가?

문예사조사의 관점에서 볼 때 카프카는 표현주의에 속한다. 그러나 그의 작품에는 표현주의적 언어기법(현란한 색깔, 절규 등)이나 카프카와 동시대인으로서 비슷한 역사적 배경에서 활동한 릴케에게서 발견할 수 있는 실존의 승인을 통하여 새로운 '인간상'을 찾고자하는 모습은 보이지 않는다. 오히려 그에게는 '변신'과 같은 극단적인 비현실과 현실의 공존, 가족주의의 해체, 주체와 인간의 소멸현상 등이 나타난다. 기독교와 인본주의적 가치의 상실과 함께 나타난 실존에 대한 공포, 자본주의에 따른 인간의 소외가 카프카 시대의 분위기였으며, '신'과 같은 전지전능한 서술자가 떠난 세계는 빈자리로 남아 있음을 체험하던 시대였다. 가족주의 담론의 해체와 그의 주체의 소멸을 나타내기 위한 『변신』의 전략은 한편으론 시민사회적 가치관과 자본주의의 질서에 기반한 '가정'의 깨지기 쉬운 취약성을 극대화시키고 그의 경계를 나타내면서 다른 한편으론 '도덕적－해석학적' 의미성을 거부함으로써 가족주의 담론의 권력과 효과를 우리의 눈앞에 '변신'의 모습으로 적나라하게 드러내는 것으로 이해할 수 있다.

만일 카프카에게 어떤 '해석학적 깊이'가 존재한다면 그것은 의미의 피안에 숨어있어 우리가 해석학적 방법으로 발굴해야 하는 것이 아니라 누구나 볼 수 있게 바로 우리의 눈앞에 적나라하게 제시되고 있다는 것이다(카프카 문학의 독특한 서술기법도 그의 '서술전략'에 속한다). 『변신』이 주는 '해석'의 어려움은 눈앞에 보이는 것을 굳이 외면하면서 그것을 자꾸 깊게만 보려고 하는 우리의 '도덕적－해석학적 깊이'에서 연유한다.

5. 종합

『젊은 베르테르의 슬픔』의 시대성을 어떻게 읽을 수 있는지에 대해 생각해 보자.

『젊은 베르테르의 슬픔』은 18세기의 극복과 한계라는 모순을 동시에 갖고 있다. 주인공은 봉건주의 신분사회가 서서히 그 막을 내리고 이제 새로운 계급으로서 지식을 가진 교양시민과 자본을 가진 상업시민이 역사의 주역으로 등장하는 18세기의 말의 사회에서 갈등하고 고통받는 능력이 출중한 젊은 청년이다. 그는 신분사회가 일반 시민에게 주는 사회적 고통과 갈등 속에서 도피를 한 후 '발하임'에서 은둔생활을 하며 지극히 개인적인 차원에서 자기구현을 시도한다. 그는 이 과정에서 로테를 만나 사랑을 하게 되고, 약혼이나 결혼 등의 형태로 인습화된 사랑을 자연적 사랑으로 극복하려고 하지만 이마저도 불가능한 상황에서 두 가지의 한계, 즉 사회적 한계와 사랑의 한계를 개인적이고 감성적인 차원에서 지극히 파괴적이고 파격적인 방법으로 해소한다.

이런 의미에서『젊은 베르테르의 슬픔』은 소멸하는 봉건주의 담론이 새롭게 떠오른 시민사회의 담론에 의해 대체되는 서막을 예고하는 작품이라고 볼 수 있을 것이다. 왜냐하면 18세기 이후 시작되는 계몽주의와 시민사회에서 가장 중요한 것은 신분의 자리를 몰아내고 그 자리에 들어선 주체와 감성 그리고 개인성이 강조된 시민주의 담론이며,『젊은 베르테르의 슬픔』에서는 바로 이 부분이 형상화되었기 때문이다.

『변신』의 시대성을 어떻게 읽을 수 있는지에 대해 생각해 보자.

작품『변신』은 인간에 대한 우리의 생각을 인본주의, 가족주의 등처럼 우리에게 익숙한 개념과 사고로부터 이탈시켜놓은 상태에서 '가장 인간적인 것'이 무엇인가를 천착한 것으로 이해될 수 있다. '변신'을 통하여 인간이 자신에 관하여 만들어 놓은 상상으로부터 완전히 결별한 지점에서, 인간 존재의 마지막 경계점에서 인간의 삶과 존재의 본질을 찾고자 하였는지 모른다. 그러나 그레고르의 비극은, 그는 '변신'을 통하여 일상적이고 현실적인 경험세계로부터 일탈의 가능성을 이끌어 냈고 인간학적인 주체의 소멸과 함께 만들어진 빈 주체의 자리에서 새로운 말하기("오랫동안 기다렸던 영양분"으로서의 음악 등)를 시도할 수 있는 순간에 일상성과 기존의 '인간학적' 담론으로 회귀하는 데 있다. 또한 그 혼자만이 담론의 조건이 변했음에도 불구하고 기존의 담론 내에서 주어진 주체 위치를 고수하려는 데 있다.

『벙어리 삼룡이』의 시대성을 어떻게 읽을 수 있는지에 대해 생각해 보자.

우리는 이 작품을 세 가지 관점에서 고찰할 수 있을 것이다.

첫 째는 작품 내적 고찰로서 작품에 대한 가장 기초적인 자료의 확인일 것이다. 우선은 작품을 그 자체로서 꼼꼼히 읽고 이해해야 할 것이며, 우리가 위에서 시도한 작품 내적인 분석을 해야 할 것이다. 예컨대 어떤 유형의 서술자가 등장하며, 그가 불러오는 서술적 효과가 무엇인지, 어떤 문체가 사용되는지, 어떤 시간 개념이 등장하는지, 어떤 상징이 사용되는지 그리고 그런 서술자, 문체 및 시간이 불러일으키는 서술적 효과가 무엇인지를 밝히는 일이다. 또한 어떤 작품의 주제가 생성되며, 이 주제는 어떤 계열축과 결합축을 통하여 서술화되는지에 대한 분석이다.

작품에 대한 분석이 선행된 후에는 작품을 그 시대와 연결하는 작업을 시도해야 할 것이다. 작가 나도향이 누구인지, 어떤 교육과 사상을 가졌는지, 작품을 집필하게 된 구체적인 배경은 무엇이었는지, 그가 살았던 시대가 어떠하였는지 등을 아는 것이다. 이때 중요한 것은 이런 내용들을 확인하고 병렬적으로 나열하는 것이 아니라 특정 작품이 놓여있는 역사적 상황을 고려하여 당시의 공간과 시간에서 역사적-이론적으로 가능할 수 있었던 등가적 요소를 밝히는 일이며, 이것을 실제로 형상화된 것과 비교하면서 그 차이의 효과와 의도를 밝히는 작업이다. 왜냐하면 이런 동시대적인 다른 작품과의 비교분석을 통하여 비로소 작품은 개별 담론으로서의 독창성과 고유성 그리고 작가의 의도성을 밝혀낼 수 있기 때문이다. 『벙어리 삼룡이』의 주인공은 우리가 위에서 살펴본 것처럼 파국을 피하거나 다른 방법으로 파국을 초래할 다양한 방법을 갖고 있었다.

마지막으로는 이 작품의 역사성을 담론분석의 관점에서, 특히 네 가지 관점, 즉 지시체계, 주체의 위치, 주변담론, 전략의 요소에서 고찰할 수 있을 것이다. 이 작품을 당시에 풍미하던 소위 '로맨티시즘'과 '리얼리즘'의 맥락에서 읽을 것인지 양천제도의 몰락과 함께 인간의 본능을 강조하는 욕망의 분출로 읽을 것인지에 따라 작품이 주는 지시체계는 달라진다. 둘째는 이 작품 속으로 틈입하는 서술자와 작품 내에서 등장하는 인물들의 담론적 주체 위치가 어디인가를 질문할 수 있을 것이다. 주체의 관점에서 볼 때 삼룡이는 애초부터 담론의 주체위치를 차지할 수 있는 어떤 조건도 갖추지 못하고 있다. 우선 삼룡이는 벙어리이다. 이런 신체적 장애는 그가 말을 할 수 있는, 즉 담론을 생산할 수 있는 최소한의 조건도 갖추지 못하고 있다는 것이며, 이외에도 작품 내에서도 그가 전거할 수 있고 담론적 주체 위치를 가질 수 있는 담론 자체가 존재하지 않는다. 삼룡이는 이중적 의미에서 존재 속의 비존재로 취급될 뿐이다. 이 작품 속에서 교차하는 담론들의 지점은 무엇인가? 이 작품에서는 무엇보다도 신분제도로서의 양천제도, 욕망과 금기를 다룬 성담론, 인간성을 나타내는 인본주의 담론이 나타나며, 작품은 바로 이 세 가지 담론의 교차점에 있음으로써 그만큼 담론의 효과를 높이고 있다. 마지막으로 이 작품이 구사하는 담론적 전략은 무엇인가? 이 작품은 위에서 언급한 것처럼 양천제도로서의 신분사회에 대한 도전, 금기된 욕망의 분출 등을 다루고 있다. 그러나 주인공은 욕망의 분출과 자신에게 주어진 사회적 억압으로서의 금기를 그 스스로가 의식적으로 위반하려고 한 것이 아니라 자신처럼 억울하게 매를 맞는 아씨를 도우려는 다분히 인간적인 동정심과 의분에 따른 충직스러운 행위를 묘사한 것으로 되고 있으며, 금기를 넘은 삼룡이가 죽게됨으로써 결과적으로는 작품의 저항적 요소가 약화되고 있다.

이런 관점에서 20세기 초 일제 강점기의 한국적인 상황에서 사회적 갈등과 본능적 욕구를 '충직'한 천민의 개인적 의분과 그의 죽음으로 해결한 것은 한편으로는 금기를 위반하면서도 동시에 기존의 사회질서를 공고히 하는, 즉 양쪽으로부터 인정을 받는 전략임과 동시에 이 작품을 다분히 감성적이며 낭만주의적 연애소설로 읽게 하는 전략임을 알 수 있다.

XI. 종합도표

지금까지 이 책에서 설명한 내용을 도표로 종합해 보자.

'구조의 보편성과 내재적 구조'에 정리된 내용은 텍스트나 소설의 구성요소와 내재적 구조와 관련된 개념이나 내용들로서 대부분의 소설텍스트에서 확인할 수 있는 보편성을 지니고 있는 반면에 도표의 오른쪽에 요약된 내용은 작품의 보편성과 내재적 구조가 특정한 작품으로 전환되고 형상화되는 과정에서 획득되는 작품의 고유성과 시대적 역사성을 강조한 내용들이다.

위에서 잠시 언급하였지만 소설을 이해한다는 것은 독자마다 조금씩 다를 수 있지만 일반적으로는 네 가지 단계를 거친다: 첫째는 작품의 내용에 대한 이해이며, 둘째는 작품에 대한 분석이며, 셋째는 이 분석에 근거한 시대역사적 해석이며, 마지막으로는 이 작품이 오늘, 이 곳의 나에게 주는 의미를 새겨보는 것이다.

이 책에서는 두 번째와 세 번째 부분을 설명하는 데 역점을 두었다. 부족한 점이 많은 본저에서 설명한 내용이 좀 복잡하고 이론적으로 느껴지는 면도 있을 것이다. 그러나 독자들이 한 두 번 작품에 응용하다보면 이 책의 방법을 이해하고 자신감을 가질 수 있을 것이며, 한 걸음

더 나아가 독자는 자기 스스로의 독창적인 방법을 터득할 수 있기를 희망한다.

<table>
<tr><th>내용</th><th>구조의 보편성과
내재적 구조</th><th>작품의 고유성과
시대적 역사성</th></tr>
<tr><td>소설의 구성 요소,
어떻게 말하는가?
시간은 어떻게
구성되는가?</td><td>사실과 허구, 서술문체,
시간, 수사학적
요소들 등</td><td>작품 전체에서 해당
부분별로 효과 분석</td></tr>
<tr><td>누가 서술하는가?</td><td>중개성, 전형적 서술상황과
서술자</td><td>서술효과 분석, 담론의
주체화를 위한 조건,
담론영역의 전환.</td></tr>
<tr><td rowspan="2">텍스트는 어떻게
중층적으로
구성되는가?</td><td>플롯과 스토리:
원소재로서의 스토리는
그 자체로는 무의미:
“한 여자가 죽고
한 남자가 죽었다”</td><td>플롯은 스토리가 시간-
공간-인물-줄거리의
인과성으로 조직된
의미체: 『로미오와 줄리엣』,
『젊은 베르테르의 슬픔』,
『벙어리 삼룡이』</td></tr>
<tr><td>심층-표층-담론층의
의미작용과 통사작용</td><td>서사화, 상징화,
구체적 형상화</td></tr>
<tr><td>누가 어떻게
행동하는가?</td><td>기능주, 등장인물 구도,
사회적 축과 인성적 축</td><td>행위자, 형상화된
구체적 등장인물</td></tr>
<tr><td colspan="3">단락구분</td></tr>
<tr><td rowspan="2">어떻게
서사화되는가?</td><td>계열축:
이론적으로 가능했던 구도:
연상적, 등가적, 잠재적, 선택적</td><td>이론적으로 가능했던
구도와 실제로 선택된
요소의 대조적 비교를
통해 작품의 고유성 ·
의도 확인, 그 효과</td></tr>
<tr><td>결합축:
의미적-통사적-논리적-
-역사적 결합을 통해 전후
맥락 형성
실재적, 선형적, 결합적</td><td>이론적으로 가능했던
결합과 실제로 결합된
요소의 차이, 배경,
효과분석</td></tr>
<tr><td colspan="3">계열축과 결합축의 종합</td></tr>
<tr><td colspan="3">주제의 생성</td></tr>
<tr><td colspan="3">작품의 시대성과 역사성 이해: 담론이론적 분석
(지시체계, 언술주체, 교차담론, 물질성과 전략)</td></tr>
<tr><td colspan="3">작품이 오늘, 이곳의, 나에게 주는 의미</td></tr>
</table>

주석

1. 이 대학은 실재하는 국내의 대학이다. 여기서는 그 대학의 명칭만을 삭제하였다.
2. 서술자 이론을 정립한 슈탄첼은 그의 저서에서 'Reflektor'라는 개념을 사용한다. 독어의 이 개념은 성찰자, 반성자. 반영자 등 여러 가지로 번역될 수 있으며, 국내에서 통용되는 번역서나 개념에서도 다양하게 사용된다. 필자는 이 개념을 반영자로 번역한다. 왜냐하면 독자가 등장인물의 뇌리 속에 '반영된'(투영된) 것을 그의 시각과 '안경'을 통해 보기 때문에 본래의 개념을 가장 적절하게 나타낼 수 있는 표현이라고 생각하기 때문이다.
3. 원본에는 "I knew I was on the goddam floor again."으로 서술되어 있다. J.D. Salinger: The Catcher in the Rye. Hachette Book Group, 1991, p. 45.
4. 언술과정의 주어로부터 분리된 언술주어가 작품 내의 행위자로서 등장인물로 기능할 때는 '줄거리 기능주Aktant der Narration'라고 지칭하며, 분리된 언술주어가 작품의 서술과정에서 나타날 때는 '소통기능주Aktant der Kommunikation'라고 지칭한다. 즉 '누가 서술하느냐'라는 서술자에 관한 질문은 '소통기능주'와 관계되며, '누가 행위하느냐'라는 등장인물에 관한 질문은 '줄거리 기능주'와 연결된다. 그레마스의 이론에 있어 중요한 개념인 '기능주 모델'은 바로 이 '줄거리 행위자'가 취하는 행위를 기능적으로 파악하여 하나의 분석적 모델로 종합한 것이다. 자세한 설명은 이 책의 VII)장을 참조하기 바람. 참조l. Algirdas J.Greimas/J. Courtes: Semiotics and Language. An Analytical Dictionary. Indiana University Press. Bloomington 1982; 참조. 이지은: 생성적 서술이론의 정립 가능성에 대한 소고. 독일문학; 1992(48). 134쪽 이하.
5. 담론이론에 대한 설명은 이 책의 'X) 작품의 역사성을 어떻게 획득할 수 있는가?' 부분을 참조할 것.

6. "감정은 기억을 강화한다. 감정이 고조된 상태에서 경험한 사건들은 쉽게 기억된다. 화재사건을 겪은 사람은 그 상황에서 목격한 머그컵의 무늬 같은 세부사항들을 선명하게 기억하기도 한다. 강화된 기억은 사건 그 자체에 대한 감정이 아니라 뇌가 감정적인 상태에 있는 동안 발생된 사건에 의해 유발된다. 격렬한 감정의 상태에 있는 동안 뇌에서 일어나는 화학적 변화들은 모든 신경활동을 증폭시키고 대부분의 하찮은 세부사항들을 기억할 수 잇게 한다. 감정적으로 강렬한 경험들에 대한 기억을 형성할 때 저장되 감정의 보기 드문 양의 세부사항은 아마도 이러한 경험들에 벗어날 때마다 시간이 느리게 흘러간다고 느끼는 현상을 설명할지도 모른다." 참조: 로버트 윈스턴(역: 김동광, 이용철): 인간. 몸과 마음에서 역사와 문화까지. 인간 대백과사전. 2006, 서울(사이언스), 156쪽.
7. 요한 페터 헤벨(역: 배중환): 예기치 않은 재회. 부산(부산외대출판부), 2003, 16-20쪽.
8. 작품화되기 이전의 '원자재'로서의 스토리와 가공된 작품으로서의 플롯을 지칭하는 개념들이 많이 있다. 예를 들어 독어권에서는 Geschehen vs Geschichte 또는 Stoff vs gestalter Stoff로 표현하고, 불어권에서는 historie vs discours라고 부르지만 여기서는 스트리와 플롯으로 통일하여 사용한다. 이 개념은 우리가 일반적으로 사용하는 '줄거리'의 의미로서의 영어 단어 스토리story와는 다르게 사용되는 전문개념임을 주의하자).
9. "We have defined a story as a narrative of events arranged in their time－sequence. A plot is also a narrative of events, the emphasis falling on causality." 참조. E. M. Forster: Aspects of the Novel. Penguin, 1976, 87쪽.
10. 필자는 오래 전에 층위이론을 소개한 바 있다. 본고에서는 지면관계상 층위이론의 발전과정에 대한 소개를 생략한다. 좀 더 자세한 내용은 다음의 졸고를 참조하기 바람. 참조: 이지은: 〈서술이론에서의 층위이론〉, In: 뷔히너와 현대문학, 1996, 특별호, 64－83쪽

11. 이 도표는 그레마스의 '기호학적 의미생성행로'를 필자가 '층위 성격', '의미적 가치의 상태 및 의(미)소', '인물화'로 보완한 것이다. 참조. Greimas, Algirdas J./Courtes,J.: Semiotics and Language. 132쪽 이하. (이하 Semiotics and Languag로 생략 표기함)
12. 의소Sem, 문맥소Klassem, 의미소Semem 등에 대한 설명은 Greimas: Strukturale Semantik. 13쪽 이하 및 Semiotics and Language. 278쪽을 참조바람.
13. 기호학적 생성이론에서의 '통사법' 또는 '통사적' 등의 용어는 일반 문법에서 사용하는 기술개념이 아니라 서술적 관점에서 의미와 담론의 생산과 진행과정을 설명하는 개념으로 이해된다.
14. 그레마스는 주제를 구성하는 대부분의 의소나 의미소들은 궁극적으로는 개체의 삶에서는 '삶과 죽음'으로, 사회나 집단의 관점에서는 '문화와 자연'으로 환원될 수 있다고 주장한다. 물론 이 주장은 모델적이고 이상적인 성격이 강한 가설이지만 작품을 분석할 땐 그 효용성이 확인된다. 참조. Greimas, Algirdas J./Courtes,J.: Semiotics and Language. 361쪽.
15. 서술프로그램이라 함은 주인공이나 작중 인물이 추구하는 목표와 이 목표에 도달하기 위한 과정에서 나타나는 서술전략으로 이해할 수 있다.
16. 그레마스에 따르면 대상이나 객체를 의미로 바꾸는 담론층의 의미발화Signifikation 과정 이전에 이미 고정된 '진리'나 '실재'는 존재하지 않는다. 왜냐하면 진리나 실재는 – 기호학적인 관점에서 볼 때 – 언술과정의 주어에 의해 생성된 의미의 효과로서 존재하기 때문이다. 따라서 의미발화는 존재론적으로 근거된 행위가 아니며, 의미의 구성과 생성을 통하여 객체와 대상에 대한 환상Illusion이 만들어진다. 참조. Greimas, Algirdas J./Courtes,J.: Semiotics and Language. 367쪽 이하.
17. 『젊은 베르테르의 슬픔』에서 서술자는 다섯 번에 걸쳐 각주를 사용한다. 그 대부분의 내용은 실제로 존재하는 사람이나 지명의 본명을 사용하지 못하고 가명이나 무명으로 사용함을 독

자가 이해해 주기 바란다는 내용이다. "독자께서는 여기 나오는 지명을 찾아보려는 헛된 노력을 기울이지 말아주시기를 바랍니다. 편지의 원문에 있던 지명을 부득이 변경하여 실은 것입니다"(참조: 괴테(역: 박찬기): 젊은 베르테르의 슬픔. 서울(민음사), 2002, 23쪽). 학술논문에서 신빙성과 검증가능성을 높이기 위해 사용하는 각주를 소설에 이용한 것은 소설의 허구성을 극복하려는 서술자의 '서술전략'으로 이해할 수 있다.

18. 참조: 신동호(편): 세계민담전집. 1권 한국편. 서울(황금가지), 2009, 18－27쪽

19. 소쉬르가 주창한 주요 개념 및 계열축과 결합축에 관한 내용은 소쉬르의 저서 〈일반 언어학 강의〉에서 인용하며 아래에서는 별도의 인용표기를 생략한다. 그 이유는 기호, 랑그와 파롤, 계열축과 결합축 등과 같은 개념은 소쉬르가 주창한 개념이 주지의 사실이며 별도의 인용이 필요 없을 정도로 이미 일반화되어 사용되기 때문이다. 참조. F. de Saussure: Grundlagen der allgemeinen Sprachwissenschaft. Berlin(Walter de Gruyter), 1967. 147쪽 이하.

20. 1800년의 유럽 인구는 1억9천만 이었으나 1900년에는 러시아 인구를 포함하여 4억2천만으로 증가한다. 도시별 인구증가는 다음과 같다. 런던의 인구가 90만에서 470만으로, 파리가 60만에서 360만으로, 베를린이 17만에서 270만으로 증가한다.

21. '연합담론'이라 번역되는 Dispositiv der Diskurse의 Dispositiv는 '잘 정리되고 정렬된 위치와 질서'의 뜻의 라틴어다. 푸코의 개념을 말 그대로 번역하면 '잘 정열된 담론들의 질서' 정도로 번역될 수 있을 것이다. 푸코가 사용하는 '담론연합'은 다양한 담론들과 정부나 사회의 조직이나 기구와 같은 비담론적 제도들이 어떤 목적을 위하여 연합하여 구축한 일종의 '연합전선'과 유사한 것으로 볼 수 있다. 이 연합담론은 담론의 권력과 비담론적 실기들이 모여 구축된 것이기 때문에 막강한 권력과 영향력을 행사한다. 예를 들어 '에이즈'를 대상으로 구축된 담

론연합에는 성담론, 의학담론, 사법적 담론, 종교적 담론, 도덕적이며 윤리적인 담론과 함께 비담론적 실기로서 대중 언론, 보건부와 같은 정부의 조직, 비정부적 협동기관들이 '공동전선'을 이루고 있으며, 이로써 강력한 권력과 영향력을 행사하고 있다.

참고문헌

〈일차문헌〉

가와바타 야스나리(역: 유숙자),「설국」, 민음사, 2002.
괴테, 요한 볼프강(역: 박찬기),「젊은 베르테르의 슬픔」, 민음사, 1999.
그라스, 권터(역: 장희창),「양철북 1」, 민음사, 2001.
김훈,「남한산성」, 학고재, 2006.
나도향,「벙어리 삼룡이」, In: 영원한 한국명장 단편선 2권. 성공문화사, 1993.
만, 토마스(역: 안삼환 외),「토니오 크뢰거, 트리스탄」, 민음사, 1998.
만, 토마스(역: 홍경호),「마의 산」, 범우사, 1987.
만, 토마스(역: 홍성광),「부덴브로크가의 사람들 1」, 민음사, 2001.
선녀와 나무꾼. (신동호(편): 세계민담전집. 1권 한국편. 서울(황금가지), 2009, 18-27쪽)
샐린저, 제롬 데이비드(역: 공경희),「호밀밭의 파수꾼」, 민음사, 2003.
신경숙,「엄마를 부탁해」, 창비, 2008.
이광수,「무정」, 성공문화사, 1993.
이문열,「우리들의 일그러진 영웅」, 문학사상사, 1987.
이범선,「학마을 사람들」, In: 이범선 작품선, 범우사, 1991.
이청준,「씌어지지 않은 자서전」, 열림원, 2001.
조이스, 제임스(역: 김종건),「율리시즈」, 2권, 범우사, 1988.
조이스, 제임스(역: 이상옥),「젊은 예술가의 초상」, 민음사, 2006.
주요섭,「사랑손님과 어머니」, In: 영원한 한국명장 단편선 5권, 성공문화사, 1995.

쥐스킨트, 파트리크(역: 강명순),「향수」, 열린책들, 1991.
쥐스킨트, 파트리크(역: 유혜자),「좀머씨 이야기」, 열린책들, 1992.
카프카, 프란츠(역: 전영애),「변신」, 민음사, 2003.
카프카, 프란츠(역: 한일섭),「심판」. 학원사, 1992.
켈러, 고트프리트(역: 고규진),「초록의 하인리히」, 2권, 한길사, 2009.
쿤데라, 밀란(역: 이재룡),「참을 수 없는 존재의 가벼움」, 민음사, 1999.
헤벨, 요한 페터(역: 배중환): 예기치 않은 재회. 부산(부산외대출판부), 2003
헤세, 헤르만(역: 박병덕):「데미안」, 삼성기획, 1993.
Goethe, Johann Wolfgang, Werke. Hamburger Ausgabe. Bd. 6, München, 1981.

〈이차문헌〉

링크, 위르겐(역: 고규진 외), 기호와 문학. 문학의 기본개념과 구조, 민음사, 1994.
그레마스(역: 김성도), 의미에 관하여, 인간사랑, 1997.
Adorno, Theodor W., Kulturkritik und Gesellschaft, In: Derselbe: Gesammelte Schriften. Bd. 10,1, Fft.a.M., 1980.
Barthes, Roland, Einführung in die strukturale Analyse von Erzählungen, In: Derselbe: Das semiologische Abenteuer. Fft. a.M., 1988.
Bremond, Claude, Die Erzählnachricht, In: Jens Ihwe(hg.): Literaturwissenschaft und Linguistik. Bd. 3, Fft. a. M., 1972.
Foucault, Michel, Die Ordnung der Dinge, Fft.a.M., 1974; 푸코, 미셸(역: 이광래): 말과 사물. 서울(민음사), 1980.

Foucault, Michel, Die Ordnung des Diskurses, München, 1974.

Foucault, Michel, Schriften zur Literatur, Fft.a.M., 1988.

Greimas, Algirdas J./Courtes, J., The cognitive Dimension of narrative Discours, In, New Literary History. Volume 20, 1988 −1989, S. 563−581.

Greimas, Algirdas J., Elemente einer narrativen Grammatik, In: Blumensath, Heinz(hg.): Strukturalismus in der Literaturwissenschaft. Köln, 1972. S. 47−67.

Hamburger, Käte, Die Logik der Dichtung, Hamburg, 1977.

Jakobson, Roman, Poetik. Ausgewählte Aufsätze 1921−1971, Fft. a/M.(Suhrkamp Taschenbuch Wissenschaft), 1979a.

Jakobson, Roman, Zwei Seiten der Sprache und zwei Typen aphatischer Störung, In: Derselbe: Aufsätze zur Linguistik und Poetik. Fft.a.M., Berlin, Wien(Uhlstein Materailaien), 1979b.

Keller, Otto/Hafner, Heinz, Arbeitsbuch zur Textanalyse, München, 1990.

Kolkenbrock−Netz, Jutta, Diskursanalyse und Narrativik, In: Fohrmann, J./Müller,H.(hg.): Diskurstheorien und Literaturwissenschaft. Fft.a./M., 1988. S. 261−283.

Kusenber, Kurt(hg.), Heinrich von Kleist, Hamburg, 1958.

Ludwig, Hans−Werner(hg.), Arbeitsbuch Romananalyse, Tübingen, 1989.

Todorov Tzvetan, Die Strukturelle Analyse der Erzählung, In: Ihwe, Jens(hg.): Literaturwissenschaft und Linguistik. Bd.3. Fft.a./M., 1972.

〈참고하면 좋을 책들〉

F. de Saussure, Grundlagen der allgemeinen Sprachwissenschaft. Berlin, 1967

페르디낭 드 소쉬르: 일반언어학 강의
언어를 구성하는 기본개념에서부터 시작하여 랑그와 파롤에 이르기까지 현대 언어학의 체계를 세우고 언어학의 일대 전환을 불러온 명저이다. 구조주의 어문학뿐만 아니라 현대 인문사회 과학의 전 분야에 광범위한 영향을 미친 책이다.

Propp, Vladimir: Morphologie des Maerchens. Frankfurt, 1975
블라디미르 프롭: **민담형태론**
형식주의 및 구조주의 관점에서 러시아의 민담을 분석하여 등장인물의 유형에 관한 이론을 최초로 정립한 저서이다.

Forster, Edward Morgan: Aspects of the Novel. London, 1974.
E.M. 포스터(역: 이성훈): **소설의 이해**. 서울(문예출판사), 1975
오늘날 소설이론에서 정착된 용어로 사용하는 '스토리와 플롯' 개념을 처음으로 영미문학계에서 분석적인 개념으로 사용하였다.

Vogt, Jochen: Aspekte erzählender Prosa. Opladen, 1979.
소설의 기본개념인 허구와 현실, 서술문체, 시간 개념 등을 평이하고 쉽게 설명한 소설입문서이다.

Lämmert, Eberhard: Bauformen des Erzählens. Stuttgart, 1955
시간(확장적 시간, 축약적 시간, 예시, 회상 등)을 소설을 구성하는 중요한 소재로 삼아 소설의 기본구조를 설명한 책이다.

Stanzel, Franz K.: Theorie des Erzählens. Göttingen, 1982
F. K. 슈탄첼: **소설의 이론**
전형적 서술상황과 서술자의 유형에 관한 교과서라 불릴 정도로 서술자와 서술시점에 관한 이론을 정립한 저서이며, 다양한 예문을 통해 이론을 설명하고 있다.

Greimas, Algirdas Julien: Strukturale Semantik. Braunschweig. 1971

구조주의 의미론을 정립한 저서로서 의미론의 기본개념에 대한 설명과 함께 프롭의 등장인물 유형론을 발전시킨 저서이다.

Greimas, Algirdas Julien/Courtes, J.: Semiotics and Language. An Analytical Dictionary. Bloomington, 1979

참고: 그레마스(역; 김성도): 의미에 관하여. 서울(인간사랑), 1997

그레마스가 그의 제자와 함께 기호학적 언어학 이론을 집대성한 기호언어학 사전이다. 알파벳 순서로 개념이 설명되어 있어 일반 독자가 이해하기에는 조금 어렵다.

Foucault, Michel: Archäologie des Wissens. Fft. a.M., 1981

미셸 푸코(역: 이정우): 지식의 고고학. 서울(민음사), 1992

푸코의 핵심이론인 담론이론을 설명한 저서이다. 20세기 후반의 인문사회과학(어문학, 철학, 사회학, 정신분석학 등) 전 분야에 심대한 영향을 끼친 저서이다.

Wellbery, D.E.(hg.): Positionen der Literaturwissenschaft. Acht Modellanalysen am Beispiel von Kleists 〈Erdbeben von Chili〉. München, 1985

8개의 문예학적 방법론으로 독일작품 〈칠레의 지진〉을 예시적으로 분석하고 해석한 문예학 방법론을 위한 입문서이다.

찾아보기